FORTIFICATION PERMANENTE.

DÉFAUTS
DES FRONTS BASTIONNÉS
EN USAGE,

MODIFICATIONS NÉCESSAIRES. — BASES D'UN NOUVEAU SYSTÈME.

> C'est moins à retarder de quelques jours qu'à empêcher la capitulation d'une place forte assiégée, que, d'avance en temps de paix, devraient tendre les principaux efforts dans la conception et dans l'organisation des moyens *permanens* de la défense; en d'autres termes, c'est aux moyens de rendre la défense *rapprochée* plus formidable qu'il faudrait surtout songer dans la construction de nouvelles places, en disposant mieux la fortification pour l'emploi de l'ARTILLERIE *qui, au lieu de la mousqueterie, devrait servir de règle, d'échelle pour le tracé des fronts bastionnés.*

PAR JOACHIM MADELAINE,

CAPITAINE EN RETRAITE, ANCIEN ÉLÈVE DE L'ÉCOLE POLYTECHNIQUE.

Ier MÉMOIRE.

PARIS.

J. DUMAINE, NEVEU ET SUCCESSEUR DE G. LAGUIONIE,

(MAISON ANSELIN).

RUE ET PASSAGE DAUPHINE, 36.

JUILLET 1844.

FORTIFICATION PERMANENTE.

DÉFAUTS DES FRONTS BASTIONNÉS EN USAGE,

MODIFICATIONS NÉCESSAIRES. — BASES D'UN NOUVEAU SYSTÈME.

C'est moins à retarder de quelques jours qu'à empêcher la capitulation d'une place forte assiégée, que, d'avance en temps de paix, devraient tendre les principaux efforts dans la conception et dans l'organisation des moyens *permanens* de la défense ; en d'autres termes, c'est aux moyens de rendre la défense *rapprochée* plus formidable qu'il faudrait surtout songer dans la construction de nouvelles places, en disposant mieux la fortification pour l'emploi de l'ARTILLERIE *qui, au lieu de la mousqueterie, devrait servir de règle, d'échelle pour le tracé des fronts bastionnés.*

PAR JOACHIM MADELAINE,

CAPITAINE EN RETRAITE, ANCIEN ÉLÈVE DE L'ÉCOLE POLYTECHNIQUE.

Ier MÉMOIRE.

PARIS.

J. DUMAINE, NEVEU ET SUCCESSEUR DE G. LAGUIONIE,

(MAISON ANSELIN)

RUE ET PASSAGE DAUPHINE, 36.

JUILLET 1844.

INTRODUCTION.

Les sciences, les arts, l'industrie et le commerce qui multiplient les relations sociales, qui servent à agrandir à-la-fois notre existence physique et notre existence morale, concourent aussi à éclairer l'opinion publique et à étendre sur le monde l'empire de la raison; et sous cet empire, les progrès des arts militaires peuvent être considérés encore comme des bienfaits, puisque les arts de la guerre ont pour but la destruction, et que plus ils progresseront, plus ils deviendront meurtriers, plus les guerres dont ils sont les moyens, seront proscrites par nos mœurs plus douces, par nos idées nouvelles, par la civilisation, à mesure qu'elles influeront davantage sur les destinées des peuples.

Mais la FORTIFICATION, qui, par essence, devrait être un préservatif contre les ravages de la guerre, qui devrait protéger le faible contre le fort, qui devrait faire que les nations pussent être maîtresses chez elles, comme l'individu, en tout pays et en France surtout, doit être maître chez lui, combien cet art plus avancé ne contribuerait-il pas lui-même, par des applications judicieuses, à éloigner les chances d'hostilités, d'invasion, de dévastation, si des places fortes assez vastes, bien situées et *inexpugnables* pouvaient empêcher que des batailles fussent jamais décisives, et que de ces positions grandement fortifiées et abondamment pourvues, des armées battues pussent arrêter, défier encore un ennemi vainqueur et beaucoup plus nombreux!

Nous avons esquissé ailleurs quelques aperçus sur les

divers rôles réservés désormais aux places fortes, sur l'influence de leur grandeur, sur les positions qui semblent les plus convenables à leur donner pour la défense du royaume, et sur la valeur relative des fortifications d'une place, soit par des ouvrages détachés, soit par une enceinte (1). Nous avons déduit de nos développemens :

1° Que les places, considérées d'une manière générale et *en elles-mêmes*, ne peuvent plus guère servir à intercepter les grandes communications et tant de routes ouvertes au commerce et à l'industrie, ni empêcher les armées de nos jours, bien plus mobiles, de passer outre, de pénétrer sur le territoire à envahir ou à défendre ;

2° Qu'il faudrait désormais de GRANDES places fortes, *les unes* sur les frontières, pour servir de bases aux opérations offensives, *les autres* dans l'intérieur, pour servir de magasins et de pivots aux armées sur la défensive, et même d'appuis aux populations ;

3° Que des PETITES places ne sauraient plus convenir que comme doubles têtes de pont à conserver ou à construire sur des rivières *ou* comme fermetures de défilés dans les pays de montagne ; positions d'ailleurs favorables, dans les deux cas, à la défense, puisque des obstacles naturels doivent eux-mêmes permettre alors d'ajouter à la force de ces petites places ;

4° Qu'*en général*, ni des camps retranchés à la Vauban, ni des ouvrages détachés permanens ne sont propres à former des grandes places qui doivent tirer toute leur force de vastes enceintes faciles à défendre avec des troupes non aguerries, peu exercées, enceintes qu'on pourrait rendre assez puissantes et par elles-mêmes et par des dispositions mieux appropriées à l'emploi de l'artillerie, et en tirant de plus parti des obstacles naturels, canaux, rivières, etc., etc., obstacles qui ne coûtent rien, sont permanens et peuvent si bien et avec tant d'économie, contribuer à accroître les moyens de résistance.

(1) *Deuxième* mémoire *sur les fortifications de Paris et sur la défense du territoire.* — 6 mars 1841.

Ici, nous considérerons en eux-mêmes les élémens dont se composent les fortifications permanentes. En montrant les défauts des fronts bastionnés en usage, nous indiquerons les données qui nous semblent devoir servir de bases à un nouveau système de fronts bastionnés capables d'une résistance incomparablement plus grande.

Nous exposerons nos idées le plus succinctement possible, sans nous préoccuper trop des préventions déjà bien vieilles de ceux qui prétendraient encore que les tracés de Cormontaingne approchent de la perfection, et *qu'un nouveau système de fortification est aujourd'hui l'un des caractères distinctifs de l'ignorance sur cet art* (1).

De pareilles prétentions, qui, assurément, ne seraient guère encourageantes et qui ne doivent pas contribuer aux progrès de l'art, ces prétentions pourraient du moins avoir quelque valeur, si l'expérience n'attestait pas elle-même les grandes imperfections d'un système que l'on considère cependant comme approchant de la perfection, et si par des journaux de siége fictifs qui règlent la marche de l'assiégeant comme *par étapes* jusqu'au terme fatal d'une capitulation inévitable, on ne proclamait pas soi-même la grande infériorité de la défense sur l'attaque, en assignant même l'époque où une place assiégée sera obligée de se rendre; en sorte que l'assiégeant sait à-peu-près d'avance le temps qu'il lui faudra pour prendre une place, si, mieux, il ne préfère passer outre, sans s'en inquiéter beaucoup; car, jusqu'à présent, on n'a même guère vu l'influence des places s'étendre au-delà de la portée de leurs canons. On n'a pas assez songé encore à tout ce que pourrait être cette influence et jusqu'où elle pourrait aller pour de GRANDES places qui, par elles-mêmes, susceptibles d'une grande résistance, même avec des hommes non aguerris, peu exercés, pourraient de plus approvisionner et contenir au besoin des corps d'armée entiers dont les rayons d'action s'étendraient au loin, commanderaient jusqu'aux

(1) *Mémoires sur la fortification perpendiculaire*, par plusieurs officiers du corps royal du Génie, 1786, page 38. — *Voir* la note A sur les difficultés de faire accueillir des idées nouvelles en fortification.

routes latérales, et forceraient ainsi un ennemi vainqueur à s'arrêter (1).

Quelles conséquences, cependant, sont résultées de la manière dont les fortifications, jusqu'à ces derniers temps, ont été envisagées? Des places de six, de huit fronts résistent peu, si l'ennemi les attaque et il peut passer outre, s'il ne juge pas à propos de s'en emparer : il a donc fallu multiplier les places sur une même ligne de frontières, et dans l'espoir de fermer mieux ces frontières, *d'intercepter toutes les routes*, on a créé jusqu'à trois lignes de forteresses!

Que de moyens, que de ressources en tout genre (hommes et choses), ainsi absorbés, paralysés en temps de guerre!! et puis l'expérience a prouvé que de telles dispositions si onéreuses étaient encore, de *notre temps*, impuissantes pour arrêter de grandes armées, aujourd'hui, si mobiles et bien plus manœuvrières, et que dans ce système de défense des frontières, ce qu'il y a maintenant de plus positif, consiste dans des charges énormes pour l'état *en temps de paix* et dans un épuisement presque inutile en hommes et en matériel, *pendant la guerre!*

Un tel état de choses était déjà trop frappant sous la Restauration, après nos désastres de 1814 et de 1815, pour ne pas fixer l'attention du pouvoir : une commission mixte fut nommée en 1818 par le maréchal Gouvion Saint-Cyr, de glorieuse mémoire, alors ministre de la guerre; puis, sous notre gouvernement nouveau, une commission fut encore instituée en 1836, pour aviser aux moyens de défendre mieux le territoire et de réduire le nombre des places fortes existantes; et ces commissions de 1818 et de 1836 ont proposé, non pas la réduction, mais la construction encore de nouvelles places près des frontières! Que conclure de là? Que ces commissions, soumises aux mêmes influences, aux mêmes erremens, ne

(1) Chaque fois qu'il s'agirait d'ouvrir des routes nouvelles pour satisfaire aux besoins du commerce et de l'industrie, il n'y aurait plus, pour cela, des places fortes à construire, mais il y aurait au contraire à faire encore et *toujours utilement*, des voies de communication des grandes places existantes aux routes latérales nouvellement ouvertes.

s'étaient pas placées à un point de vue convenable pour bien apprécier les choses.

Raser des petites places en grand nombre, améliorer celles à conserver, en agrandir quelques-unes, en construire même à l'intérieur deux ou trois grandes, spacieuses, et quelques doubles têtes de pont sur la Seine, sur la Marne, etc.; c'est là pour nous une idée fixe que nous rappelons sans cesse, parce que nous la croyons importante pour le bien de l'Etat et pour le succès de nos armes en temps de guerre.

Après ces généralités sur les places fortes, avant de passer aux détails, aux élémens qui constituent les places, aux fronts bastionnés dont nous avons à nous occuper dans ce mémoire, qu'on nous permette encore d'exposer, en peu de mots, comment, depuis Vauban, l'attaque des places est devenue supérieure à leur défense, jusqu'à quel point la marche, les progrès de l'assiégeant sont irrésistibles, et cependant le terme où les défenseurs pourraient reprendre la supériorité et parvenir même à faire échouer les entreprises des assaillans.

L'ennemi investit d'abord la place qu'il veut assiéger, et, en la privant ainsi de toutes communications avec les dehors, il la livre à ses seules ressources en hommes, en vivres, en matériel, en approvisionnemens divers.

Par des remuemens de terre, l'assiégeant se rend maître du terrain d'abord à distance; les fronts qu'il se propose d'attaquer et de contre-battre, il les enveloppe par une longue place d'armes ou *parallèle* d'où une partie de ses troupes peut défier les efforts de la garnison; puis, s'avançant par des zig-zags, c'est par une seconde place d'armes parallèle à la première, qu'il se rend encore maître du terrain; plus avant, il établit des demi-places d'armes, et puis une troisième parallèle qui n'est plus qu'à 60 mètres environ des saillans des chemins couverts.

Que l'on remarque bien que cette marche perfectionnée par Vauban, est irrésistible; qu'il n'y a pas moyen d'empêcher de cheminer un ennemi plus nombreux, pourvu du matériel et des approvisionnemens nécessaires et favorisé encore par les ténèbres de la nuit, qui lui permettent d'avancer avec bien moins de dangers et de se couvrir.

Il n'y a guère moyen d'empêcher l'assiégeant d'arriver jusqu'au pied des glacis de la place attaquée (1).

Voilà donc une première et grande période du siége, qui doit être toute à l'avantage de l'assiégeant : toujours fort par son nombre, par ses places-d'armes et par conséquent maître jusque-là du terrain, de la troisième parallèle il débouche sur les capitales par des portions circulaires, puis il avance par des sapes doubles et debout ; il construit ses T et cavaliers de tranchée, couronne ensuite les chemins couverts, établit ses batteries de brèche, contre-batteries, travaille aux descentes de fossés, en prépare et en exécute les passages, livre des assauts et s'établit sur les brèches, s'il y a des retranchemens intérieurs.

Mais tous les moyens de défense de la place! Ils ne servent donc qu'à obliger l'assiégeant à suivre dans ses cheminemens, dans ses attaques, une marche méthodique et qu'à ralentir cette marche à mesure qu'il avance, en le forçant à passer des tranchées simples à la sape volante, à la sape pleine, à la sape double et debout.

D'une part, l'artillerie de la place est réduite bientôt à une sorte d'impuissance par les batteries de l'ennemi ; d'autre part, que peuvent des feux de mousqueterie les plus multipliés, dès que l'assiégeant est couvert par des gabions et quelques pelletées de terre? Enfin, il faut bien aussi que les sorties, les actions de vigueur soient en général de peu d'effet, puisque dans les journaux fictifs de siége, on ne tient pas compte des retards que ces sorties pourraient faire éprouver à l'assiégeant.

Voilà pourtant, à-peu-près, tout ce que l'art a obtenu, jusqu'ici, pour prolonger la défense des places *sur des terrains choisis, étudiés à loisir, et fortifiés à grands frais, d'une manière permanente, avec des maçonneries épaisses et des parapets en terres rassises!*

(1) Note B. Comment la défense *éloignée* pourrait être prolongée. — Inconvéniens.

Serait-ce bien là des limites que l'industrie ne pourrait plus franchir et la défense comparée à l'attaque, serait-elle donc vouée à lui être *pour toujours* si inférieure?

Combien il est à regretter que l'illustre Vauban à qui l'on doit les progrès qu'a faits l'art d'attaquer les places, n'ait jamais été chargé d'en défendre une! Alors, stimulé par la nécessité et mieux inspiré dans la construction des places qu'il a créées, son génie aurait sans doute pourvu aux besoins que lui-même a fait naître, de rétablir l'équilibre entre la défense et l'attaque, et ce grand ingénieur, en restituant à la fortification sa puissance, aurait à coup sûr rendu ainsi de plus grands services à la société, qu'en apprenant à prendre les places fortes, en moins de temps et avec des pertes bien moindres.

Ainsi que nous l'avons dit déjà, l'assiégeant peut être retardé dans sa marche, mais il n'y a guère moyen d'empêcher que, par ses forces beaucoup plus nombreuses que celles de la garnison, par ses remuemens de terre, par ses places-d'armes, etc., il ne puisse arriver jusqu'au pied des glacis : *c'est dès-lors dans une défense plus rapprochée, qu'il faudrait que l'assiégé pût au moins reprendre la supériorité sur l'assiégeant;* mais pour cela il faudrait d'abord que les défenseurs ne fussent pas déjà épuisés, intimidés, privés de toute énergie; que des abris sûrs, solides les eussent jusque-là protégés, ainsi que le matériel, contre les feux de l'ennemi; et il faudrait que l'artillerie de la place fût encore, sur des points principaux, intacte et tellement disposée, qu'étant difficile à contre-battre, par l'effet de ses feux horizontaux directs, d'enfilade, de revers et par ses feux verticaux combinés d'ailleurs avec des retours offensifs dans les dehors, avec des sorties toujours faciles et bien protégées, l'assiégeant ne pût alors plus cheminer qu'exposé aux plus grands périls, qu'il trouvât, *en outre*, des obstacles *matériels* presque insurmontables à établir ses batteries de brèche, ses contre-batteries, à ruiner les escarpes et à pratiquer ses descentes de fossé, à en préparer, à en assurer les passages; que, parvînt-il même à se loger sur les brèches des bastions, *sans avoir pu cependant chasser des dehors les défenseurs*, il faudrait que l'assiégeant, alors, sur un terrain dont il ne serait pas maître, ayant en face de lui des retranchemens intérieurs solides et bien armés, mal établi sur ces bastions contre-minés, serré de près dans tous ses défilés, loin de ses places-d'armes, disséminé et en quelque sorte désarmé, ne recevant plus aucun appui de ses batteries éloignées, de ses places-d'armes, il faudrait que là fût infailliblement le dernier terme de ses succès.

La meilleure fortification n'est pas celle qui, à grands frais d'ouvrages, de fatigues, de sacrifices et de sang, peut retarder de quelques jours une capitulation *inévitable*, mais ce serait celle qui, à moindres frais, pourrait empêcher la capitulation, en forçant l'ennemi à lever le siége par les trop grands obstacles qu'il aurait à surmonter, par les grands risques qu'il courrait dans les dernières attaques de siéges qu'alors il regarderait à plus de deux fois d'entreprendre.

Voilà bien ce qu'il faudrait, ce qui devrait être ; mais nous aurons à voir d'abord les choses telles qu'elles sont ; en tâchant d'apprécier les défauts des fronts bastionnés, nous apercevrons peut-être comment on pourrait parvenir à mieux faire, à rendre de nouveaux fronts capables d'une résistance incomparablement plus grande et surtout plus efficace.

Dans les tracés nouveaux que nous présentons, nous employons bien encore des lignes et des angles comme dans tous les systèmes déjà imaginés ou imaginables, car on ne peut pas plus faire de tracés sans des lignes et des angles, que des écrits sans les lettres de l'alphabet ; mais après tant de conceptions enfantées, après tant de figures hiéroglyphiques dont l'art des fortifications ou plutôt son histoire a été déjà surchargée, surtout depuis les progrès que Vauban a fait faire à l'art des attaques, nous osons dire que notre système ne ressemble à un quelconque des systèmes de nos devanciers, pas plus que notre prose avec les mêmes lettres, avec les mêmes mots, n'est une redite ou la copie servile de ce que l'on peut trouver déjà écrit sur les fortifications.

Au lieu de chercher à multiplier les ouvrages, à augmenter les petites chicanes, à dessiner des dehors sous la forme d'arcs ou de fers de lance, de cimeterres (1), nous avons tâché de simplifier, de réduire les principaux ouvrages presque à une seule enceinte, en la rendant plus puissante et en faisant en sorte que nos dispositions pussent satisfaire à notre programme : d'abord aux besoins de la défense éloignée, mais surtout à ceux de la défense rapprochée, parce que celle-ci peut devenir bien autrement efficace :

1° Par les obstacles *matériels* plus grands, qu'on peut forcer l'assiégeant à surmonter dans ses derniers cheminemens, loin de ses places-d'armes et sous des feux d'artillerie d'enfilade et de revers jusque-là maintenus intacts et difficiles à contre-battre, et plus nombreux que tous ceux que l'ennemi pourrait alors opposer ;

2° Par des dispositions plus convenables des diverses parties de l'enceinte et des dehors, par leur appropriation et au service de l'artillerie, au développement de ses feux, à leur bon emploi comme à celui de la mousqueterie et à celui des troupes pour des actions de vigueur bien protégées et facilitées encore par des communications toujours sûres et faciles ;

3° Enfin, dans les diverses périodes du siége, par de bons abris qui garantissent des coups de l'ennemi, les défenseurs et le matériel de la place.

Pour satisfaire à ce programme que nous développons dans le corps du mémoire, de même que nous avons employé des lignes et des angles pour faire nos tracés, nous avons tâché aussi de mettre à profit des principes que nous n'avons pas inventés, mais que, jusqu'à présent, on ne trouve guère que dans le domaine de la théorie ; nous avons cherché à en faire, autant qu'il a dépendu de nous, des applications qu'il ne nous appartient pas de dire heureuses, mais enfin des applications simples et qui semblent conduire au but que l'on doit se

(1) Voir *l'Architecture des forteresses*, un des meilleurs ouvrages sur la fortification, 1801, par C.-F. Mandar, ingénieur des ponts-et-chaussées; on y trouve les divers systèmes de fortification, de casemates, etc., etc.

proposer dans l'organisation des moyens permanens de la défense des États par des fortifications.

Dans nos combinaisons, nous faisons jouer à l'artillerie un bien plus grand rôle, surtout dans la défense rapprochée, en multipliant ses feux, en lui ménageant des enfilades et des revers, et en faisant en sorte que l'assiégeant ne puisse la contre-battre que difficilement et seulement par un tir direct et à de grandes distances, etc. Mais l'artillerie est-elle donc, peut-elle, doit-elle être le principal agent de la défense des places?

Bousmard avait avancé que cela est déjà dans l'état actuel des choses, et le général Rogniat l'ayant répété dans son mémoire *sur l'armement des places*, en s'appuyant d'une citation de Bousmard, il y eut à ce sujet, en 1826, une polémique animée dans les journaux militaires périodiques.

Dans le cas même où l'artillerie ne serait pas déjà le principal agent de la défense, ne faudrait-il pas en conclure encore que, puisque la défense est trop bien reconnue inférieure à l'attaque et que, d'autre part, les effets puissans de l'artillerie sont incontestables, il y aurait, *à plus forte raison*, nécessité de remanier le système des fronts bastionnés pour les approprier mieux à l'emploi de l'artillerie, de manière que les effets à obtenir pussent être aux trop faibles effets que l'on obtient, à-peu-près comme les effets du canon sont à ceux de la mousqueterie; car les moyens doivent toujours être proportionnés aux efforts à faire, au but à atteindre : on prend non de petits brins de bois, mais de grands leviers pour remuer de lourds fardeaux.

En résumé:

Dans ce mémoire, nous nous proposons surtout deux choses : 1° de discuter la valeur du front bastionné de Cormontaingne, de tâcher d'en faire bien voir les défauts; mais ce serait encore peu, si nous n'avions rien à proposer de mieux; 2° d'exposer comment, par des combinaisons les plus simples de lignes et d'angles, on pourrait parvenir à composer des fronts capables de satisfaire aux conditions à remplir sinon pour rendre, dans tous les cas, des places inexpugnables, au moins pour pouvoir rétablir avec certitude l'équilible entre l'attaque et la défense.

Nous avons pris pour terme de comparaison, le front de Cormontaingne sans tenir compte des perfectionnemens qu'on a pu depuis y introduire, parce que ces perfectionnemens ne modifient en rien le système que nous considérons, ici, et critiquons comme défectueux dans son essence, *en lui-même*.

Dans ce premier mémoire, nous ne pouvons qu'établir les bases et présenter l'ensemble de notre système ; dans un second mémoire, nous offrirons des études *de détails* : 1° sur les lunettes ; 2° sur les chemins couverts, sur divers emplois, soit de l'eau, soit de la maçonnerie, comme moyens d'accroître la résistance ; 3° sur les places d'armes et réduits, sur des ponts mobiles, en bois et faciles à manœuvrer, à établir sur les coupures qu'on aurait à faire aux larges rampes de communication des places-d'armes avec les fossés de la place, afin de se garantir des surprises ; 4° sur divers abris et en particulier sur les casemates, dans diverses positions: aux saillans des bastions et comme grandes traverses sur leurs faces et sur les principaux flancs ; sur les modifications à faire alors aux parapets, etc. ; 5° sur les contre-gardes que, *dans certains cas*, il y aurait *quelque utilité* à admettre ; 6° sur les retranchemens intérieurs avec leurs escarpes que le mineur ne puisse pas ruiner, et sur les contre-mines sous les bastions ; 7° sur les centres des courbures de nos principaux flancs, discussion qui peut offrir quelque intérêt ; 8° sur quelques applications de notre système, pour des *doubles têtes* de pont, etc., etc. ; 9° enfin, en rattachant à deux grandes périodes, tous les efforts de la défense et en démontrant que c'est dans la dernière, que l'assiégé pourrait espérer de reprendre la supériorité sur l'assiégeant, nous croyons avoir ainsi indiqué déjà, dans ce premier mémoire, dans quel esprit devraient être conçues les améliorations à introduire dans les places fortes existantes à conserver et la nécessité, par exemple, de les pourvoir à l'avance d'abris, de retranchemens intérieurs, d'augmenter les obstacles matériels, etc. Nous essaierons, dans notre deuxième mémoire, de faire quelques applications de ces données pour l'amélioration des places existantes.

Si ce premier travail que nous soumettons à la critique de tous les hommes compétens qui voudront lire notre écrit, s'il n'est pas, comme nous osons le croire, trop au-dessous de la haute importance des questions que nous essayons de traiter, nous mettrons à profit les lumières qui pourraient jaillir de discussions consciencieuses, pour rectifier ce qu'il peut y avoir de défectueux dans nos combinaisons bien simples, long-temps méditées et que le calcul des déblais et des remblais, pas plus que quelques incorrections dans nos figures, ne sauraient d'ailleurs affecter, dans leur essence, en aucune façon.

TABLE DES MATIÈRES.

ARTICLE Ier.

ARTICLE II.

NOTES.

FORTIFICATION PERMANENTE.

ARTICLE Ier.

APPRÉCIATION DE LA VALEUR DU FRONT MODERNE ENVISAGÉ DANS SES DÉTAILS ET DANS SON ENSEMBLE.

Toutes les parties du front bastionné ont sans doute été bien étudiées, coordonnées avec soin, mais nous osons dire pour de petits effets seulement, pour ceux de la mousqueterie plutôt que pour ceux que l'artillerie pourrait et devrait produire : c'est ce que nous devons tâcher de faire bien voir en cherchant à apprécier les élémens principaux qui composent les fronts modernes.

CÔTÉ EXTÉRIEUR, FLANCS ET LIGNE DE DÉFENSE.

La longueur du *côté extérieur* d'un front bastionné, est fixée à 360 mètres; cette fixation de la distance entr'eux des saillans des bastions n'est pas arbitraire, elle ressort du tracé adopté pour ces fronts et surtout de l'étendue de la *ligne de défense* réduite à 250 mètres.

A ces raisons suffisantes ajoutons qu'il doit y avoir certains rapports entre le front bastionné et la demi-lune qui le précède, car on ne pourrait pas, par exemple, augmenter la longueur de la courtine, vu l'obligation de couvrir par la demi-lune, les trouées de la tenaille et même les épaules des bastions, de manière à empêcher que la courtine puisse facilement être battue en brèche, etc.

Ainsi, pour satisfaire aux conditions exigées par le tracé et *surtout* par la ligne de défense fixée à 250 mètres d'étendue,

2

la longueur du *côté extérieur* des fronts bastionnés, doit être restreinte à 360 mètres.

Mais si, sans s'astreindre à subordonner tant le tracé au flanquement des faces des bastions, la ligne de défense pouvait avoir une direction plus utile et une étendue en rapport avec la portée du canon, qu'en conséquence, par une autre forme de tracé, le *côté extérieur* devînt bien plus long (de 500 à 600 mètres au lieu de 360 mètres), et qu'il n'y eût plus de trouées, mais des rentrans inaccessibles à l'ennemi; qu'enfin les moyens de défense, loin d'en être affaiblis, fussent au contraire augmentés considérablement, on trouverait de plus à ces modifications d'autres avantages assez remarquables, puisque une place de même superficie aurait alors moins de fronts, qu'ainsi il pourrait même y avoir une économie relative dans les travaux d'art, que la garde de la place serait aussi plus facile, moins pénible et exigerait un armemen de sûreté moins considérable. En proposant nos fronts d'une étendue *moyenne* de 500 mètres, c'est, comme nous verrons, par de grands rentrans, par des flancs vastes et puissans, etc., que nous parvenons à augmenter beaucoup les moyens de la défense.

Mais sur quoi est fondée la longueur de 250 mètres assignée à la *ligne de défense?*

On a dit: *que la ligne de défense ne doit guère dépasser* 250 *mètres sans une nécessité indispensable, et que quand il s'agit d'une défense toute de mousqueterie* TOUJOURS PRÉFÉRABLE A CELLE DU CANON, *elle n'est même regardée comme bien fournie que jusqu'à* 160 *mètres de son objet* (1).

Mais admettre qu'une *défense de mousqueterie soit toujours préférable à celle du canon*, n'est-ce pas en quelque sorte avouer que l'artillerie qui produit des effets si terribles par ses boulets, ses obus et sa mitraille, qui, entre les mains des assiégeans, démonte les pièces sur les remparts, détruit les maçonneries, rase les parapets les plus épais et en terre rassise, qui ouvre et rend les brèches si promptement praticables, eh bien! cette arme si puissante qui devrait avoir

(1) *Mémorial de Cormontaingne*, 1er volume page 4.

encore plus d'effet sur des épaulemens ébauchés, moins épais et en terres fraîchement remuées, n'est-ce pas convenir qu'elle devient impuissante dès qu'elle se trouve entre les mains des assiégés? Nous disons impuissante *non par elle-même*, car elle lance avec la même violence ses projectiles, soit qu'ils partent des remparts ou des tranchées, *mais impuissante par suite des dispositions vicieuses adoptées pour son emploi.*

Que des flancs d'un ou de deux fronts, il s'agisse seulement de défendre le passage du fossé où l'ennemi, pour arriver à la brèche, devra se couvrir d'abord d'un épaulement pour s'assurer le passage du fossé et puis l'occupation de la brèche, et à cet effet devra de toute nécessité faire cet épaulement si, *comme cela devrait toujours être*, il y a à la gorge du bastion attaqué, un retranchement solide ; alors que pourrait faire *toute la mousqueterie* des flancs contre l'assiégeant cheminant dans le fossé, *l'assiégeant ne fût-il couvert que par quelques fascines*, tandis que, et assiégeans et épaulemens plus consistans *en terre*, fussent-ils même achevés, tout pourrait disparaître par les effets de l'artillerie de la place, si son service était mieux fourni et plus assuré ?

C'est donc bien moins d'après la portée de la mousqueterie que d'après celle du canon, que la *ligne de défense* devrait plutôt être calculée ; mais ce qu'il faudrait encore, c'est que la ligne de défense se rapportât surtout aux points principaux à battre : aux saillans des chemins couverts, aux couronnemens, aux batteries de brèche, et contre-batteries, et qu'à cet effet, le service de l'artillerie *sur les flancs* fût mieux combiné, mieux assuré et que les feux fussent plus multipliés non-seulement pour défendre les passages des fossés, mais surtout pour s'opposer aux cheminemens de l'ennemi sur les glacis, et pour ruiner tous ses ouvrages, batteries de brèche et contre-batteries. Sous ce rapport, si les flancs actuels, d'ailleurs trop faibles et que dans ce système on ne pourrait guère agrandir avec avantage, si ces flancs étroits peuvent être pris d'enfilade, de revers, ils sont plus sûrement encore pris à dos par les batteries mêmes de l'ennemi, dès qu'elles peuvent ricocher les faces des bastions ; enfin, ces flancs, qui dans la défense rapprochée devraient et pourraient être, comme nous verrons, d'un si puissant secours à l'assiégé, l'expérience prouve assez combien, dans l'état actuel des choses, ils gênent peu l'assiégeant dans ses dernières opérations qui pour lui devraient cependant être les plus périlleuses.

Mais donner plus d'extension aux fronts bastionnés, étendre encore et surtout mieux diriger leur ligne de défense, la mettre en rapport avec les effets que l'artillerie devrait produire, agrandir et disposer les flancs d'une manière convenable pour que l'artillerie, aux dernières périodes d'un siége, pût profiter de tous ses avantages, ne serait-ce pas déjà bouleverser le système des fronts bastionnés ? pourtant, si la défense des places fortes doit être basée *principalement* sur les effets de l'artillerie, ainsi qu'il faut bien le reconnaître, alors il ne s'agirait pas seulement de ces modifications, mais il en faudrait d'autres encore, dont l'importance ressortira de la discussion que nous allons poursuivre.

DEMI-LUNES.

Les grandes demi-lunes que l'on fait, couvrent les courtines et les épaules des bastions, mais en les couvrant elles paralysent les effets de ces parties essentielles de la fortification, des courtines surtout qui sont les parties les plus fortes, qui ne sont guère soumises aux ricochets, et qui, sans les demi-lunes qui les masquent, pourraient permettre à l'artillerie de jouer un plus grand rôle, puisqu'elles fourniraient en avant et sur les capitales des bastions, des feux d'artillerie très utiles, feux qui des courtines ne peuvent guère, dans l'état actuel des choses, être que bien rares et employés seulement près de flancs et imparfaitement par des embrasures biaises, sur quelques portions des cheminemens de l'ennemi, ou bien contre les logemens de l'assiégeant sur les demi-lunes, et trop imparfaitement encore, puisque les réduits des demi-lunes, tels qu'on les fait, doivent masquer en très grande partie ces logemens.

Un autre inconvénient des demi-lunes, consiste dans les *trouées* de leurs fossés, qui, *à la rigueur*, permettraient à l'ennemi encore à de grandes distances, de faire déjà brèche aux bastions, même de ses batteries à ricochet, avec des charges plus fortes, trouées qui permettent plus sûrement de faire ces brèches aux bastions *en même temps* que celles aux demi-lunes, dès que l'assiégeant s'est établi sur les glacis des chemins couverts des demi-lunes. Aussi, l'avantage des saillies des demi-lunes, qui, dans les grandes places, devraient forcer l'ennemi de faire d'abord brèche à ces ouvrages, avant de pouvoir couronner les chemins couverts des bastions, cet avantage peut-il être plus ou moins contesté, suivant que l'assiégeant sera hardi, plus entreprenant, et qu'il aura à faire à une garnison faible ou qui ne se défendrait plus avec assez d'énergie.

Mais parvînt-on à remédier de la manière la plus heureuse au grave inconvénient de la trouée des demi-lunes, la grande saillie qu'on veut donner à ces ouvrages, et leur angle flanqué qu'on veut faire pour cela encore plus aigu et réduire à 60°, rendront-ils ces ouvrages en eux-mêmes plus forts ? l'appui qu'ils recevront des demi-lunes collatérales par des revers plus prononcés, sera-t-il assez assuré, puisque les feux de ces derniers ouvrages ne cesseront pas d'être maîtrisés toujours et en quelque sorte interdits par les batteries à ricochet de l'ennemi ?

Les demi-lunes étant plus en saillie et attaquées les premières, y a-t-il même une importance *si grande* à ce que les rentrans soient plus prononcés et que les approches des bastions en deviennent plus difficiles, si les demi-lunes sans offrir bien plus de résistance et par elles-mêmes et par l'appui des demi-lunes collatérales et par la protection qu'elles devraient surtout recevoir des faces des bastions dans les grandes places, si l'occupation seule de ces ouvrages avancés et de leurs réduits par l'assiégeant, *suffit toujours pour faire tomber tous les dehors, pour en chasser* DÉFINITIVEMENT *les défenseurs qui dès-lors ne peuvent plus agir que dans les fossés*, le corps de place étant dès ce moment plus gravement compromis encore, s'il ne se trouve pas de retranchement assez solide, élevé d'avance à la gorge des bastions ? D'où il semble résulter que les grandes saillies des demi-lunes ne pourraient réellement être bien avantageuses qu'autant que leurs approches en seraient rendues aussi *avec certitude* plus difficiles, et que ces ouvrages seraient à cet effet flanqués par les faces des bastions mieux, plus efficacement que ne le comporte l'étendue trop restreinte du front moderne (1).

On croit sans doute pouvoir bien compter sur les revers que prendraient les demi-lunes collatérales plus en saillie, mais encore une fois, que l'on veuille considérer ce que valent *réellement* ces grands ouvrages à longues branches en prise *toujours et dans toute leur longueur* aux ricochets de l'assiégeant, combien il est difficile que l'artillerie puisse tenir, être bien servie, approvisionnée dans ces ouvrages, de manière à pouvoir compter *avec assez de certitude* sur les effets des feux de revers (2); qu'on tienne compte encore des grandes dépenses que les demi-lunes exigent pour leur construction et pour celle de leurs réduits qui empêchent même que des courtines on puisse contre-battre efficacement l'assiégeant se logeant dans les demi-lunes; qu'on ne perde surtout pas de vue que les demi-lunes masquent presqu'en pure perte les courtines parties les plus fortes de la fortification, alors on sera peut-être un peu mieux disposé à excuser notre témérité à oser proposer la suppression de ces grands ouvrages, pouvant d'ailleurs démontrer, comme nous le ferons plus loin :

1° Avec quelle facilité et quelle plus grande sûreté les

(1) Note C. Sur les moyens de mieux flanquer les demi-lunes par les faces des bastions, dans le système Cormontaingne (pour les tracés se rapprochant de la ligne droite).

(2) « Depuis l'établissement des premières batteries de l'ennemi, nous ne « mettons plus de canons dans la demi-lune du centre de l'attaque, pour tâ- « cher d'en ménager les défenses; il doit en résulter plus de facilité à y répa- « rer les dégradations journalières, et à y construire quelques retranchemens; « on sent d'ailleurs combien il serait difficile et embarrassant d'y transporter « journellement les munitions des canons, de les préserver du feu et de mille « accidens auxquels ce point est encore plus exposé que tous les autres, ainsi « que d'en retirer à temps l'artillerie, par des communications, ponts ou rampes, « qui sont à chaque instant bouleversés; il convient beaucoup mieux de l'en « dégager *totalement* et de l'abandonner entièrement aux troupes ». (*Mémorial de Cormontaingne*, 3e vol., page 195).

approches des bastions, les couronnemens de leurs chemins couverts pourraient être défendus par des feux nombreux d'artillerie d'*enfilade* et de *revers* partant de nouveaux flancs *difficiles à contre-battre* et bien autrement puissans que les flancs actuels qui ne pourraient même diriger sur les batteries de brèche une fois établies contre les bastions, que des feux d'artillerie d'écharpe impuissans et toujours les mêmes pour tous les polygones, si déjà par leur faiblesse ces flancs n'avaient pas assez et même trop de défendre les fossés, de riposter aux contre-batteries qui leur sont opposées et qui les réduisent bientôt à une impuissance complète;

2° Avec quels avantages ces grandes demi-lunes que nous supprimons, seraient remplacées par des lunettes qui, portées plus en avant, contribueraient à défendre aussi efficacement les approches des bastions, et qui, à raison des côtés extérieurs de nos fronts beaucoup plus étendus (500 à 600 mètres au lieu de 360 mètres), permettraient à l'artillerie des faces des bastions de flanquer et de soutenir ces ouvrages avancés. Alors l'assiégeant aurait aussi à s'emparer *d'abord* de ces lunettes qui, avec ou sans réduits, suivant les tracés et l'importance des localités, seraient assez solidement établies pour qu'elles ne pussent, en aucun cas, être prises de vive force. — Mais ce qu'il importe surtout de remarquer, c'est qu'avec ces lunettes, qui auraient les avantages des demi-lunes sans en avoir les défauts, outre les grands rentrans qui existeraient entre elles, comme entre *les plus grandes* demi-lunes, de plus, d'autres rentrans se trouveraient encore intérieurement entre les saillans des bastions, rentrans d'autant plus formidables que les feux d'artillerie les plus nombreux et jusque-là intacts, s'y croiseraient et assureraient aux défenseurs la possession des dehors pour les sorties et retours offensifs, *même après la mise en brèche des bastions et l'occupation de ces brèches par les assiégeans.*

BASTIONS.

Les faces des bastions doivent défendre les approches des demi-lunes, s'opposer aux travaux de couronnement des chemins couverts de ces ouvrages et des batteries de brèche, contre-batteries, etc.; mais pour que les faces des bastions puissent le faire, il faut qu'elles aient des directions déterminées. Or, les capitales des demi-lunes étant les perpendiculaires même élevées sur le milieu des côtés extérieurs des fronts et l'inclinaison des longues faces des demi-lunes étant fixe, il s'ensuivrait que les angles que font les faces des bastions avec les faces des demi-lunes, et par conséquent les angles des faces des bastions avec les côtés extérieurs des fronts devraient aussi être à-peu-près invariables *pour tous les polygones indistinctement,* si déjà il n'en était pas ainsi pour satisfaire à la condition de la défense des fossés *par les flancs même des bastions*, en sorte que, dans ce système, *ce sont les angles flanqués des bastions qu'il faut faire varier depuis le plus aigu pour le carré jusqu'au plus ouvert pour la ligne droite*, et dans tous les cas, les flancs des bastions ne peuvent prendre, comme nous avons déjà dit, que les mêmes écharpes impuissantes sur les batteries de brèche une fois établies contre le corps de place, *tandis qu'en adoptant pour l'angle flanqué des bastions, une ouverture au contraire fixe, la même pour tous les polygones, la plus petite qu'on puisse pratiquement bien admettre* (par exemple, 70°), alors les demi-lunes étant supprimées, au moyen de flancs assez étendus qu'on pourra faire et qui procureront des rentrans inaccessibles entre les bastions, il y aura facilité d'obtenir avec l'artillerie des feux de revers nombreux et redoutables contre les travaux du couronnement des chemins couverts et contre les batteries de brèche aux bastions. *C'est là la base, le fond de notre système* (1).

Mais revenons aux faces des bastions actuels : quels grands effets peut-on bien attendre de l'artillerie placée sur ces faces pour défendre les approches des demi-lunes, pour prendre d'enfilade et trop faiblement de revers et les batteries de brèche contre ces ouvrages, et les batteries dirigées par les trouées contre les faces des bastions ? Car pour prendre des

(1) Note D. Sur les avantages et sur les inconvénieus à faire, dans notre système, plus aigus les angles flanqués des bastions

enfilades et de trop faibles revers, l'artillerie ne peut guère disposer, près des saillans, que de 35 mètres sur des faces qui ont cependant 120 mètres de longueur, et encore dans les cas où l'assiégé ne serait pas tant tourmenté par les ricochets de l'ennemi, comme il doit l'être dans de petites places.

Pourtant, c'est des faces des bastions qu'il serait indispensable de pouvoir toujours employer les moyens d'artillerie les plus efficaces d'empêcher les progrès des travaux d'attaque contre les demi-lunes, de ralentir autant que possible, sinon d'arrêter l'établissement des batteries de brèche et contre les demi-lunes et contre les bastions près de leurs épaules, ces travaux *pouvant décider déjà du sort de la place*, puisque les demi-lunes une fois occupées et leurs réduits mis en brèche, les flancs de ces réduits sont abandonnés d'une part, comme d'autre part les réduits des places d'armes rentrantes tombent aussi dès que l'assiégeant devient maître des coupures des demi-lunes, ou peut seulement les commander; *en sorte que dès-lors les défenseurs sont entièrement chassés des dehors* et ne peuvent plus guère conserver l'espoir *même* de prolonger la défense, si les bastions sont dépourvus de retranchemens *solides* à leur gorge, dans le cas surtout où des brèches auraient déjà été ouvertes aux bastions près de leurs épaules, par les trouées des demi-lunes (1).

RETRANCHEMENS A LA GORGE DES BASTIONS.

C'est à la dernière période d'un siége, lorsque l'assiégeant déjà fatigué est le plus éloigné de ses dépôts de tranchée, de ses places d'armes et qu'il ne peut plus être soutenu par ses batteries placées derrière lui; c'est lorsque cessant d'envelopper, ses travaux sont bien plus circonscrits, plus en butte aux feux de la place et aux actions de vigueur; c'est lorsqu'il se trouve réduit à des défilés dans ses couronnemens, dans ses descentes de fossés, à leur passage et à la montée des brè-

(1) Note E. Sur les feux d'artillerie à diriger des courtines contre les logemens de l'assiégeant sur les demi-lunes ou sur leurs réduits, dans les places existantes.

ches sur lesquelles il lui serait si difficile de hisser du *gros* canon, pour l'arrivée duquel la descente du fossé trop étroite serait encore une très grande difficulté, à cette époque où les feux de la place et les retours offensifs pourraient avoir le plus d'action sur l'assiégeant, c'est alors qu'il importerait de pouvoir prolonger la défense, d'arrêter l'ennemi par des contre-mines sous les bastions attaqués et surtout par des retranchemens solides qui devraient toujours être établis d'avance à leur gorge. Contre ces obstacles pourraient enfin se briser tous les efforts des assiégeans, pour peu que les assiégés fussent pénétrés de l'efficacité de leur résistance et que, non épuisés déjà, ils fussent capables encore d'agir avec énergie, et *de reprendre les dehors, si toutefois les communications étaient plus faciles.*

Quelle inconséquence n'y aurait-il pas, par exemple, à multiplier les ouvrages extérieurs, à pratiquer même à grands frais des contre-mines sous les glacis d'une place et à laisser ces fronts dépourvus de retranchemens intérieurs solidement revêtus! Tous ces ouvrages extérieurs si dispendieux où l'assiégeant peut bien plus aisément se rendre et rester maître du terrain, ces ouvrages ne pourraient occasionner que plus ou moins de retards, et la brèche ouverte aux bastions, la place serait obligée de se rendre, fût-elle pourvue de faibles retranchemens faits pendant le siége et la garnison fût-elle même dans les meilleures dispositions! D'un côté, on parviendrait peut-être à retarder une capitulation *inévitable*, de l'autre, on pourrait l'empêcher, ou du moins être soutenu par l'espoir d'un aussi grand résultat!

Déjà nous avons assez dit que c'est dans la défense rapprochée seule que les assiégés pourraient reprendre une supériorité assurée sur les assiégeans, et ici l'on voit quelle grande influence devraient avoir les retranchemens intérieurs pour accroître la résistance : on peut dire que cette grande influence n'a pas été assez appréciée ; citons à ce sujet Cormontaingne :

« Il est aisé de s'apercevoir qu'il ne serait pas raisonnable
« d'admettre le système général de retrancher les places *par-*
« *tout où l'on peut les attaquer*, la dépense serait prodi-
« gieuse et cela *pour quelques jours de siége de plus à cinq*

« *où six places qu'un ennemi assiégera pendant une guerre.* « Néanmoins comme l'on ignore pendant la paix quelles frontières et quelles places peuvent tomber dans ce cas, il faudrait, suivant l'hypothèse ci-dessus, les retrancher toutes « pour ne pas s'y tromper. » (*Memorial,* 3ᵉ vol., p. 139).

Mais tant de places qui ont dû tant coûter, n'ont-elles pas été faites elles-mêmes ou conservées pour ne pas s'y tromper? Et c'est par la raison même qu'on ne sait pas d'avance lesquelles seront attaquées, qu'il faudrait qu'elles fussent toutes retranchées. De là on peut déduire encore que, sous ce rapport comme sous tant d'autres rapports, mieux vaudrait qu'il y eût moins de places fortes et que les places à conserver fussent mieux conditionnées.

On admet bien qu'il est indispensable de faire les retranchemens intérieurs en temps de siége et dans ce temps même où la garnison est accablée d'ailleurs de tant de fatigues et périls! Mais, *tout bien compté,* alors ces faibles retranchemens contribuent-ils même à accroître la durée totale du siége? (1)

Pourtant, il faut dire encore que, dans le *système reçu,* deux choses doivent contribuer beaucoup à ce que les retranchemens intérieurs même les plus solides ne puissent avoir

(1) « Dès que la direction des attaques fait connaître les bastions menacés, il « est essentiel que le gouverneur y fasse entreprendre des retranchemens ». *Mémoire du général Rogniat, sur l'emploi des petites armes*, 1827. — Il ne faut pas moins de 400 travailleurs journellement, *dès l'ouverture de la tranchée*, pour retrancher le bastion d'attaque et les deux bastions collatéraux. Même auteur, *force des garnisons.* Ainsi, quel surcroît de fatigues pour de si pauvres retranchemens qui permettent à l'assiégé de capituler avec l'ennemi sur la brèche d'un bastion, et qui, en énervant les hommes par tant de peines, contribuent *en somme* à raccourcir plutôt qu'à prolonger la durée du siége! Il faudrait encore faire ces retranchemens à l'avance, ne fût-ce même que pour éviter d'y employer et de fatiguer pendant tout un siége, autant de travailleurs. Il semble que Vauban voyait ainsi les choses dans son mémoire sur les fortifications de Cazal; nous voudrions pouvoir rapporter ici l'extrait de ce mémoire qui mérite bien la peine d'être médité, et qu'on trouvera consigné dans le 1ᵉʳ volume de Cormontaingne, page 145, extrait qui ne concorde guère avec la citation de Cormontaingne, que nous avons faite plus haut dans le texte.

toute leur valeur: *d'une part*, l'amoindrissement, l'état de souffrance de la garnison à cette dernière période par suite des dangers, des fatigues continues et de manque d'abris, à quoi il faut ajouter la perspective d'une capitulation *prochaine* et tous les effets de l'intimidation; *d'autre part*, l'abandon forcé de tous les dehors, abandon qui ne permet plus d'agir que sur les brèches du corps de place et dans les fossés et qui prive ainsi les défenseurs refoulés dans l'intérieur de l'ascendant qu'ils pourraient saisir si commandant encore les dehors, par des sorties vigoureuses combinées avec les feux verticaux, ils pouvaient reprendre l'offensive, attaquer et bouleverser les tranchées, les batteries de brèche et contre-batteries de l'assiégeant.

Ces inconvéniens sont graves, nous avons dû surtout nous efforcer d'y remédier *soit* en épargnant aux défenseurs des fatigues et en leur procurant surtout de bons abris, *soit* en leur assurant la possession d'une partie des dehors, même après le logement de l'ennemi sur les brèches des bastions, *soit* en multipliant les obstacles matériels sous les pas de l'assiégeant, en ménageant des feux de revers indestructibles jusque sur les brèches d'ailleurs contre-minées et en rendant encore l'attaque contre les retranchemens intérieurs la plus difficile, *soit*enfin en donnant, par la réunion de tous ces moyens, aux défenseurs plus dispos, la conscience, l'intime conviction d'une supériorité alors si prononcée qui pourrait et devrait être décisive pour le salut de la place assiégée.

CHEMINS COUVERTS ET PLACES-D'ARMES. — ABRIS POUR LES HOMMES ET POUR LE MATÉRIEL.

« De tous les ouvrages qui composent la fortification d'une « place, il n'en est point de plus utile ni de plus nécessaire que le chemin couvert, etc. » (*Cormontaingne*).

En effet, c'est des chemins couverts que les feux de mousqueterie là rasans peuvent bien contribuer à défendre les approches, à forcer, surtout pendant la nuit, à une marche lente et méthodique, l'assiégeant dès qu'il est à portée des feux de mousqueterie des chemins couverts; ces dehors facilitent les moyens de se porter en force au-delà des glacis et assurent les retraites; dans les chemins couverts et dans les places-d'armes les feux de mousqueterie peuvent donc avoir une grande importance, et si ces dehors étaient mieux disposés, non ricochables et que les places-d'armes surtout pussent tenir jusqu'à la fin du siége, que les défenseurs ne pussent point en être chassés, nous croirions déjà pouvoir dire comme nous le ferons plus loin, qu'alors *les dehors devraient surtout être affectés au service de la mousqueterie* et *que l'enceinte*, telle que nous l'entendons, *devrait l'être plus spécialement au service de l'artillerie*, en sorte qu'avec des dispositions mieux appropriées au service de la mousqueterie, et une part bien plus large étant faite à l'artillerie, les rôles des deux armes se trouveraient mieux répartis pour la défense.

Mais dans les fronts que nous discutons, les chemins couverts, les places-d'armes et leurs réduits tombent successivement au pouvoir de l'assiégeant qui devient maître de tous les dehors dès qu'il a deux demi-lunes en sa possession; alors il faut bien dans l'état actuel des choses que les défenseurs *chassés de tous les dehors* puissent encore utiliser les feux de mousqueterie dans le corps de place, et qu'à cet effet, des emplacemens leur soient là réservés au détriment de l'artillerie.

Ce n'est pas tout: les chemins couverts *étant partout parallèles aux faces des demi-lunes ou des bastions*, il s'ensuit que leurs branches plus ou moins longues se trouvent soumises également aux ricochets *des mêmes batteries ennemies* qui enfilent les ouvrages en arrière, qui par leurs effets ne permettent plus de bien tenir nulle part et qui par conséquent laissent ainsi les défenseurs sans abris sûrs, pas même dans les fossés sur une grande partie de leur étendue, en sorte que les défenseurs soit qu'ils soient à leur poste de service ou qu'ils soient de bivouac, il n'y a guère pour eux de sûreté que derrière quelques traverses clairsemées qui ne les mettent même que trop imparfaitement à l'abri des ricochets et les laissent entièrement exposés à l'action des feux verticaux et des injures du temps. Il faudrait donc d'autres dispositions pour les chemins couverts, pour les places-d'armes et des abris pour les hommes de bivouac, pour les rassemblemens.

Or, les chemins couverts seraient-ils partout ricochés et n'y aurait-il pas moyen de mettre les défenseurs à l'abri sur quelques points, si par la suppression des demi-lunes, une partie des chemins couverts d'autant plus grande que les courtines seraient plus longues, précédait celles-ci dans des rentrans larges, profonds et rendus inaccessibles à l'ennemi par les feux des courtines, des réduits de places-d'armes et par le croisement des feux de flancs puissans que l'assiégeant aurait peine à contre-battre.

Mais ce qui est surtout à considérer, l'artillerie jusqu'à présent réduite à une sorte d'impuissance et par le défaut d'emplacemens suffisans ou convenables et par les effets des feux de l'ennemi, cet agent principal qui pourrait prendre tous les développemens désirables sur les remparts de notre nouveau corps de place à lui affecter spécialement, cette arme essentielle ne rendrait-elle pas des services toujours plus grands, bien autrement efficaces si, dès le commencement d'un siége, elle était abritée contre les ricochets et contre les feux verticaux dans des casemates *non pas* entassées dans des étages les unes au-dessus des autres, présentant des embrasures percées dans des murailles élevées et en prise aux feux de l'ennemi, mais disposées de la manière la plus simple, la plus convenable sur les faces des bastions, sur leurs flancs et couvertes en avant par les parapets, par des merlons gabionnés et leurs créneaux garantis encore par des massifs en bois de charpente, ces casemates ayant d'ailleurs toute leur ouverture en arrière?

COMMUNICATIONS.

Nous avons vu combien les dehors, chemins couverts et places-d'armes sont nécessaires pour une bonne défense; mais pour pouvoir les mettre convenablement à profit, il faudrait que des communications toujours sûres et faciles en garantissent sans cesse le service aux troupes et même à l'artillerie. Or, c'est par des escaliers d'ailleurs trop raides, trop étroits, nommés *pas de souris*, que les troupes peuvent monter des fossés dans ces dehors, et redescendre dans les fossés ; et pour l'artillerie, soit qu'on veuille l'employer dans des sorties ou dans les places-d'armes, dans les chemins couverts, soit qu'il faille armer les demi-lunes et leurs réduits, on est obligé de guinder, de hisser les pièces, puis leurs affûts des fossés sur ces ouvrages, d'employer pour cela des machines, des chèvres équipées à haubans, et l'on n'a pas moins de peines, d'embarras continuels et de dangers à courir pour fournir ces pièces de leurs munitions ; et pour retirer les bouches à feu des chemins couverts, des demi-lunes, des réduits, faute de temps, de moyens, pressé par le danger, souvent on est même forcé d'enclouer les pièces, si on ne peut assez tôt les renverser dans les fossés.

Les artilleurs comptent, sans doute, pour peu les peines, les fatigues et les dangers, mais leur service peut-il ainsi être bien assuré, bien efficace, et les troupes dans les dehors en prise toujours et partout aux coups de l'ennemi, peuvent-elles tenir de pied ferme aussi bien qu'elles le feraient si les chemins couverts n'étaient pas ricochables, si les hommes de bivouac, ou rassemblés pour des actions de vigueur, avaient quelque part des abris dans ces dehors ; enfin, si les défenseurs, ici partout exposés aux coups de l'assiégeant, ne se trouvaient pas de plus en quelque sorte abandonnés, isolés par ces *pas de souris*, qui ne peuvent d'ailleurs permettre de faire assez promptement dans les dehors les rassemblemens que les diverses circonstances peuvent exiger. Mais comment admettre, dans l'état des choses, des rampes assez larges sans que l'ennemi pût en profiter, puisque dès la prise des demi-lunes, tous les dehors tombent au pouvoir de l'assiégeant, bientôt maître aussi des fossés des demi-lunes de plain-pied avec ceux du corps de place (1).

En serait-il de même pour des chemins couverts parallèles

(1) Il semble que ce serait plutôt une raison de moins craindre d'établir des communications plus faciles, pour pouvoir au moins reprendre ces dehors, dont les défenseurs sont chassés ; le service serait dans tous les cas plus facile aussi et mieux fait pendant toute la durée du siége ; pour prévenir les surprises sur les fronts hors d'attaque, ne pourrait-on pas ménager aux rampes des ressauts et les moyens de les défendre ?

aux courtines, pour des places-d'armes au fond de grands rentrans, où ces places-d'armes, leurs réduits et les fossés en face des courtines seraient inaccessibles à l'assiégeant, même après les descentes de fossé en face des bastions? Ainsi des rampes assez larges et commodes pourraient en toute sûreté servir aux communications pour les troupes et pour l'artillerie, sans craindre qu'elles pussent favoriser des surprises sur les fronts hors des attaques, en adoptant les mesures de précaution les plus simples. Ces rampes rattachant au corps de place les dehors, ceux-ci en feraient donc en quelque sorte partie, et pourraient, par conséquent, être beaucoup mieux soutenus, même par les hommes les moins aguerris : alors, on pourrait aisément, dans la défense rapprochée, combiner les sorties avec les feux verticaux : par ces feux *ou* l'on ferait éprouver aux assiégeans de grandes pertes *ou* on les forcerait à s'éloigner et l'on en profiterait aussitôt pour faire des sorties, pour détruire leurs travaux, pour bouleverser les batteries de brèche, contre-batteries, si toutefois les assiégeans étaient parvenus à les établir, malgré les puissans feux de revers et d'enfilade des nouveaux flancs.

Enfin, pour le service propre de l'artillerie, tous les remparts devant lui être spécialement affectés, et par de larges rampes des pièces pouvant être facilement transportées partout, il n'y aurait plus nulle part de manœuvre de force à faire, plus d'embarras pour armer et désarmer, pour déplacer les pièces et les transporter d'un endroit à l'autre, ni pour les approvisionner; il n'y aurait plus de chances d'enclouer, de perdre, dans les dehors, des bouches à feu; enfin pouvant mieux compter sur leur service, il en faudrait moins pour l'armement.

Ainsi, tous les mouvemens des hommes et des choses seraient libres, faciles et les plus rapides et plus sûrs; selon les circonstances et les avantages de la défense, des masses de feux les plus redoutables pourraient partir de tels ou tels autres points de l'enceinte et même des dehors, etc.

PROFILS.

Jusqu'à présent notre discussion a porté plus particulièrement sur le tracé des fronts bastionnés, examinons maintenant le profil principal de ces fortifications, celui du corps de place.

On donne comme règle de tenir le haut des escarpes en maçonnerie *de niveau* avec la crête des chemins couverts, et l'on admet qu'ainsi les escarpes sont assez couvertes. Cependant, à raison et de la grande largeur qu'on donne aux fossés et de celle des chemins couverts et de la trajectoire que décrivent les projectiles et de l'obliquité encore des coups, enfin, à raison des ébréchemens que le tir de l'ennemi fait ou peut faire aux crêtes des chemins couverts, le haut des escarpes peut de loin être déjà plus ou moins endommagé, être ruiné par le tir de plein-fouet, et en arrière les parapets avec leurs embrasures doivent aussi en souffrir, en être affaiblis.

Là n'est pas le seul ni le plus grand inconvénient :

La hauteur des escarpes est fixée à 10 mètres *au moins*; mais plus les escarpes sont hautes, plus il leur faut d'épaisseur et des contre-forts plus élevés, non-seulement pour soutenir les terres, mais pour présenter aussi plus de résistance contre le tir en brèche, d'où résulte une plus grande dépense en maçonnerie.

Ce n'est pas tout : à ces grandes hauteurs d'escarpes, il y a un autre inconvénient grave, car, malgré toute leur épaisseur, elles peuvent être ruinées bien plus facilement par le canon : alors de grands pans de murs, par leur chute, entraînant avec eux les terres en arrière, les brèches peuvent être faites et rendues praticables bien plus vite et les parapets être entièrement rasés au niveau des remparts plus facilement que si les escarpes n'avaient pas autant de hauteur et coûtaient par conséquent bien moins.

Mais, dira-t-on, comment obtenir les commandemens nécessaires et comment se garantir contre les escalades ? Nous verrons ces choses plus loin, car nous n'avons pas tout dit encore.

D'après les profils adoptés, les *fossés étant larges* et les *contrescarpes moins élevées*, l'assiégeant, de ses batteries de brèche établies sur les glacis, peut découvrir les escarpes à moins de 1/3 de leur hauteur et faire aisément à cette hauteur la section horizontale qui décide la chute de la muraille tombant par grands blocs et par rabattement.

Maintenant admettons:

1° Que les escarpes soient moins élevées, et que des talus extérieurs même avec de moindres pentes (de 40° au lieu de 45°) et par conséquent plus étendus rachètent la moindre élévation donnée aux escarpes: dans ce cas ces escarpes et leurs parapets plus consistans seraient-ils exposés autant à être endommagés de loin?

2° Admettons encore que les fossés fussent plus profonds, moins larges et les contrescarpes plus élevées, dans ce cas l'assiégeant pourrait-il découvrir aussi bien l'escarpe, la battre et y faire assez bas une section horizontale? D'autre part, quelles difficultés plus grandes un tir beaucoup plus incliné (de 18 à 20°) ne lui présenterait-il pas? D'abord, les projectiles en auraient bien moins de force, les affûts seraient plus tourmentés, ensuite les boulets frappant plus obliquement la face de l'escarpe, ils produiraient d'autant moins d'effet en détail et en somme que, dans ce cas, l'escarpe frappée obliquement présenterait plus d'épaisseur et de résistance par elle-même, et que d'autre part elle serait moins élevée, aurait moins de terre à soutenir, et qu'en parvenant même à pratiquer tant bien que mal une brèche, l'ennemi aurait plus de peine à faire descendre les terres, et ne pourrait espérer de raser complétement le parapet, et encore moins s'il était revêtu solidement à l'intérieur comme dans le cas de nos casemates.

3° Admettons enfin que la contrescarpe ait *à-peu-près* la même hauteur qu'on donne à présent à l'escarpe, alors l'escalade serait-elle ici plus facile? Combien l'assiégeant ne serait-il pas aussi plus gêné pour faire ses descentes de fossé en galerie souterraine qui devrait ici être nécessairement beaucoup plus longue? et par le fait encore de cette contrescarpe plus haute, les défenseurs ne seraient-ils pas aussi mieux à couvert dans les fossés? Pour les dépenses encore, n'y aurait-il pas économie à donner plutôt de la hauteur aux contrescarpes qui n'ont que des terres à soutenir, en réduisant à 7 mètres environ la hauteur des escarpes qui doivent être beaucoup plus résistantes, avoir des contre-forts nécessairement et les avoir assez rapprochés?

Nous prévoyons bien qu'on objectera qu'à l'aide de mines surchargées, l'assiégeant pourrait renverser dans les fossés ces contrescarpes plus hautes qui le gêneraient, et rendre ainsi les brèches et les descentes plus faciles à faire. Mais pour cela il faudrait donc des travaux de mine sous le feu incessant de nos principaux flancs, et si par un moyen bien simple et applicable dans presque toutes les localités, on parvenait encore d'une manière sûre, comme nous le dirons plus loin, non-seulement à rendre plus difficile le couronnement du chemin couvert, mais encore à empêcher que l'ennemi pût cheminer sous terre soit pour établir ses fourneaux, soit pour faire ses descentes de fossé ici plus longues et par conséquent plus difficiles, alors serait-il bien permis de tracer, de régler la marche de l'assiégeant ainsi arrêté, retenu sous des feux puissans d'artillerie d'enfilade et de revers et même sous les feux verticaux combinés avec les retours offensifs des défenseurs débouchant de places-d'armes situées dans de grands rentrans où ils pourraient être tenus rassemblés sous de bons abris, et qui par leur irruption soudaine achèveraient de détruire les travaux d'attaque que l'artillerie de la place n'aurait pas déjà entièrement ruinés?

Enfin, on dira encore que partout il ne sera pas possible de donner tant de profondeur aux fossés, parce que le terrain ne se prêtera pas toujours à de telles excavations : mais alors le terrain sera rocheux ou aquatique et offrira lui-même des obstacles qui pourront compenser la profondeur plus grande des fossés, *le profil que nous discutons ici n'influant d'ailleurs en rien sur la forme de nos tracés.*

COMMANDEMENS DES OUVRAGES.

Cormontaingne fixe à 6 mètres *au moins* le commandement des bastions, et dit que : « Quand les excavations peuvent

« fournir à un plus grand relief de tous les ouvrages d'un « front, *il n'y aurait qu'à gagner* DE TOUTE FAÇON en don- « nant plus de commandement au corps de place sur la cam- « pagne et à proportion à la demi-lune et au chemin couvert.» (*Mémorial*, 1er vol., p. 74.)

Mais en élevant autant les parapets et les escarpes, en les découvrant ainsi et les soumettant mieux aux feux de l'ennemi ainsi que les embrasures, ne les exposerait-on pas à être ruinés plus facilement eux et leurs embrasures par le tir éloigné de l'assiégeant?

A de grands commandemens il y aurait un autre inconvénient d'autant plus grave, qu'alors la troisième parallèle plus enfoncée pourrait ne point gêner le service des batteries éloignées de l'assiégeant qui pourrait ainsi continuer à tourmenter les faces des ouvrages, et qui le pourrait encore par ses batteries à ricochet même après le couronnement du chemin couvert, si le commandement du corps de place était considérable.

Que l'on veuille bien remarquer aussi qu'en donnant de grands commandemens aux bastions, on est alors obligé de les faire *vides* avec des remparts élevés et qu'il en résulte un inconvénient très grave pour les retranchemens intérieurs, alors bien plus difficiles à établir, retranchemens pourtant si nécessaires et dont nous avons tâché déjà de faire ressortir toute l'importance.

Aussi pensons-nous que la fortification la meilleure doit, *en général*, être rasante autant que possible, même pour les bons effets de l'artillerie et de la mousqueterie et ne donnons-nous à nos bastions que 5,00 de commandement (1).

Nous ne repoussons cependant pas, dans tous les cas, les grands commandemens; car nous les employons aussi, mais pour des parties d'ouvrages moins en prise aux feux de l'en-

(1) Les remparts de la place devant être spécialement affectés au service de l'artillerie, il serait, dans notre cas, plus rationnel de nous en tenir au commandement du canon, ici de 4, 50 dans les casemates, qu'au commandement de mousqueterie (*Voir* la note F sur un moyen simple de bien découvrir les travaux de l'assiégeant, sans courir grand danger d'être atteint).

nemi, pour nos principaux flancs et pour nos courtines, qui doivent d'ailleurs commander assez nos réduits de places-d'armes et le terrain en avant, qui doivent plonger dans les logemens de l'assiégeant à de grandes distances et auxquels nous sommes par conséquent conduit à donner d'assez grands commandemens *de canon* (9 mètres environ) ici utiles et même indispensables.

FRONT BASTIONNÉ ENVISAGÉ DANS SON ENSEMBLE.

Quel que soit le nombre des côtés du polygone à fortifier, *en terrain horizontal* le tracé du front moderne ne change en rien, il est toujours le même depuis l'hexagone et ne tire par conséquent en *lui-même* aucune force de plus de la grandeur des angles des côtés extérieurs à mesure que ces angles sont plus ouverts ou que leurs côtés sont plus nombreux et qu'ils tendent à ne former qu'une seule ligne droite, — *en terrain accidenté*, la trop faible étendue de la ligne de défense et par conséquent du front, empêche que le tracé puisse toujours bien se prêter aux exigences de la configuration du sol, que les fronts puissent au besoin prendre de l'extension et par moins d'ouvrages entassés ou si rapprochés, procurer des économies dans les constructions;

En sorte que sur des points très importans à bien défendre, *que le terrain soit horizontal ou accidenté*, il faut suppléer nécessairement, même dans les grandes places, à la faiblesse inhérente à ces fronts, par des ouvrages extérieurs, par des contre-gardes, des ouvrages à corne, par des couronnés et même des doubles enceintes : la ligne de défense reposant sur l'action des feux de mousqueterie, la force des fronts lui est subordonnée comme au mode de tracé suivi et l'on est réduit ainsi à multiplier de petits moyens très coûteux et à compliquer la défense, à la rendre pénible, plus difficile, plus périlleuse, d'autant plus que les moyens sont moins puissans par eux-mêmes et exigent plus de monde pour la défense (1).

(1) « Il est évident qu'en agrandissant l'enceinte d'un terrain quelconque « à défendre, le nombre d'hommes nécessaires ou utiles à sa défense doit aug-

Si l'on considère les demi-lunes et les bastions dans leurs rapports, on voit les premières placées entre les bastions, s'appuyant sur leurs épaules tout en masquant les courtines; de cette disposition il résulte que l'assiégeant, de *ses mêmes batteries*, peut non-seulement ricocher et les faces des demi-lunes et leurs chemins couverts, mais encore battre de plein fouet et ruiner *en même temps* les parapets et l'artillerie sur les faces des bastions.

Les commandemens de tous les ouvrages les uns sur les autres: du corps de place sur le réduit de la demi-lune, du réduit sur la demi-lune elle-même et de celle-ci sur le chemin couvert, ces ouvrages, si rapprochés, agglomérés et leurs faibles commandemens font que les projectiles de l'ennemi doivent plus sûrement trouver à dégrader, à détruire et que peu soient lancés en pure perte.

Mais ce sont les flancs des bastions dont on a fait dépendre le tracé des fronts, ce sont ces flancs envisagés dans leurs rapports avec l'ensemble du système, qui prêtent le plus encore à la critique. On a cherché d'abord à bien défendre les fossés par les flancs mêmes des bastions et puis l'on a tout subordonné à ce mode de flanquement : ainsi, en tirant directement la défense des fossés des flancs des bastions, on a été forcé de faire des fossés larges et plus larges encore en face des courtines qui ne peuvent plus être bien couvertes que par de grands ouvrages rapprochés, par les demi-lunes tellement nécessaires dans ce système, que sans elles et malgré les tenailles, on ne pourrait pas faire à la gorge des bastions de retranchemens valables, *quoique si utiles*, puisque les courtines elles-mêmes pourraient alors être mises en brèche, ce qu'*à la rigueur* l'assiégeant pourrait encore faire difficilement, il

« menter aussi : dès-lors, il faut augmenter aussi dans la même proportion « tous les emplacemens, toutes les munitions que cette augmentation d'hom- « mes et de défense entraîne après elle » (Cormontaingne, 1er vol., page 137).

est vrai, à l'aide de quelques pièces dans les réduits des places-d'armes rentrantes.

Mais ces flancs qui obligent à élargir tant les fossés devant les courtines, ces flancs eux-mêmes, nécessairement d'une étendue trop restreinte, tout en défendant les fossés des bastions, par leur disposition dans ce système, ils ne pourraient *bien* atteindre que ce but, ainsi que nous l'avons déjà dit, si déjà pris à dos, à revers, les contre-batteries de l'assiégeant ne les réduisaient pas à l'impuissance.

Qu'on veuille bien remarquer aussi que c'est au-dessus de larges fossés seulement que les flancs peuvent, et *bien inutilement*, croiser leurs feux, sans pouvoir s'opposer à l'action des batteries de brèche contre les bastions, batteries que l'assiégé ne peut plus inquiéter que par quelques feux verticaux impuissans dès que les demi-lunes collatérales avec leurs réduits, sont prises et que par suite les assiégés sont chassés des dehors.

Ainsi, on voit combien surtout est faible le rôle des flancs, parties cependant essentielles de la fortification, qui devraient être d'un si puissant secours dans la défense rapprochée.

En principe, les ouvrages de fortification devraient être disposés de manière que l'occupation des uns par l'assiégeant, n'en fasse pas tomber d'autres en son pouvoir : or, ici, dès que l'ennemi est maître des demi-lunes et de leurs réduits, les coupures des demi-lunes et les réduits des places-d'armes rentrantes cessent d'être tenables et tombent bientôt en son pouvoir.

Mais ce qui est bien autrement grave et plus incontestable, c'est que la reddition de la place devient déjà inévitable, prochaine, imminente, dès que l'assiégeant est maître des demi-lunes et de leurs réduits, puisque dès-lors, commandant tous les dehors, ayant refoulé les défenseurs dans le corps de place, l'assiégeant les serre ainsi de plus près et les étreint sans qu'ils puissent réagir au dehors, ni le troubler sérieusement dans l'action de ses batteries de brèche contre les bastions ; et pour pouvoir prolonger un peu la défense et obtenir une capitulation honorable, on voit de quelle importance peuvent être de solides retranchemens intérieurs.

Nous venons de considérer les places, quel que soit le nombre de leurs fronts; mais que l'on envisage encore plusieurs fronts tracés même en ligne droite, circonstance la plus favorable pour toute espèce de fortifications, alors les faces des demi-lunes (dont on veut encore réduire l'angle flanqué au plus petit possible, à 60 °, pour pouvoir leur donner plus de saillie, et augmenter les rentrans et les revers sur les approches des autres demi-lunes), ces faces devenant plus obliques par rapport au front d'attaque, n'ont déjà guère action et en auraient encore moins, avec un angle plus aigu, sur les batteries que l'assiégeant établirait au loin en avant de sa première parallèle; d'autre part, pour prendre les prolongemens des faces des demi-lunes ayant des vues dangereuses, l'assiégeant a moins, et aurait moins encore à s'étendre. Pour les tracés en ligne droite, l'assiégeant pourrait donc, de ses premières batteries, établies à 500 mètres de distance, produire, par le développement de ses feux, des effets très funestes, sans que la place, *quelque nombreuse qu'y fût l'artillerie*, pût riposter sérieusement que de quelques faces et encore près des saillans des bastions, que l'assiégeant ruinerait *en même temps* par le tir de plein fouet, les faces des demi-lunes trop obliques et les courtines qu'elles masquent ne pouvant avoir action sur les batteries de l'ennemi établies à ces distances. Ainsi l'on voit encore que, dans les tracés approchant de la ligne droite, où la fortification devrait pourtant devenir la plus puissante, ressortent surtout les défauts des demi-lunes masquant tout, jusqu'aux épaules des bastions, et en butte elles-mêmes aux feux de l'assiégeant, sans pouvoir presque lui répondre.

Enfin, si l'on considère qu'en général les feux d'artillerie horizontaux ne peuvent être que directs ou d'écharpe ou d'enfilade, de revers, et que les feux d'écharpe dirigés sur des épaulemens assez épais sont les moins efficaces, tandis que les feux directs et *surtout* ceux d'enfilade et de revers sont les plus avantageux, nous prierons de bien remarquer, qu'eu égard au peu d'étendue des fronts, et à la disposition des ouvrages, il arrive que l'assiégé, même de ses fronts collatéraux, de ses demi-lunes, ne peut guère prendre par des embrasures plus ou moins biaises que des écharpes bien insuffisantes sur les batteries ennemies, tandis que le grand avantage des assiégeans est de pouvoir, de positions choisies et propices, enfiler, ricocher les ouvrages agglomérés de la place et leurs chemins couverts par des feux plus courbes, qui gênent moins ces cheminemens; qu'ainsi il peut, surtout par ses ricochets, maîtriser les feux des demi-lunes et *toujours*, quelle que soit leur saillie et quoiqu'on les munisse au dernier moment de quelques traverses qui garantissent peu le matériel et les défenseurs, auxquels il faudrait indispensablement des abris plus sûrs contre les ricochets et contre les feux verticaux (*Voir* la note D.)

RÉSUMÉ.

De tous les rapprochemens qui précèdent, il résulte qu'il y a de grandes, de très importantes modifications à introduire dans le tracé des fronts bastionnés de la fortification *permanente*, fronts qui, par-dessus tout, pèchent par la disposition des flancs consacrés à la défense des fossés, disposition vicieuse et par elle-même et parce qu'elle conduit forcément à un tracé défectueux, *tandis que la défense des fossés des bastions pourrait et devrait être tirée de la courtine à briser pour cet effet, les flancs des bastions pouvant alors et devant servir eux-mêmes avec infiniment plus d'avantages à contrarier les travaux rapprochés de l'assiégeant, à s'opposer avec efficacité au couronnement des chemins couverts, à l'établissement des batteries de brèche et des contre-batteries par des feux puissans d'artillerie à revers d'autant plus prononcés que les angles flanqués des bastions seraient tenus alors pour tous les cas les plus aigus, et que, d'autre part, les côtés extérieurs contigus des fronts se rapprocheraient plus de la ligne droite* (1).

(1) Note G. Sur la distinction à faire pour les tracés d'ouvrages de campagne et de fortification permanente.

Ces modifications admises, tout change de face dans le système des fronts bastionnés et par suite, les moyens de la défense rapprochée augmentent à-peu-près dans le rapport des effets de l'artillerie à ceux de la mousqueterie : — d'abord, il n'y aura plus de trouées, et les lignes *principales* de défense ne se croiseront ni ne se perdront plus en quelque sorte dans des fossés; elles ne seront plus limitées par la portée du fusil: partant de flancs difficiles à contre-battre, elles s'étendront au loin autant que la bonne portée du canon et seront dirigées sur les points les plus importans à battre, *d'abord* sur les couronnemens des chemins couverts qui, à raison de nos feux d'enfilade et de revers, pour de petites comme pour de grandes places, ne pourront plus être faits qu'en *sape double* et avec de grandes traverses très rapprochées, *ensuite* sur les batteries de brèche qui ne pourront être que très difficilement établies, et *puis* sur les brèches elles-mêmes imparfaites qui seront aussi battues de revers et de plein fouet; et la puissance des feux de ces *principaux* flancs sera d'autant plus grande par leur multiplicité et leur efficacité, que les flancs pourront alors être plus vastes, étendus, difficiles à contre-battre et seulement à la dernière période du siége, et que de plus, par leur étendue, par le croisement ici si utile de leurs feux, ils procureront des rentrans inaccessibles aux assiégeans et assureront ainsi la possession des dehors, des places-d'armes et le succès des sorties *même après l'occupation des brèches*, si les assiégeans parvenaient à les faire et à s'y loger. Enfin les défenseurs commandant toujours les dehors, les communications en seront toujours sûres et beaucoup plus faciles de manière que les assiégés dans ces dehors seront aussi en sûreté que dans le corps de place, et pourront de plus y être bien abrités, et par des sorties prendre à volonté et toujours leur essor au lieu d'être rejetés dans les fossés et dans le corps de place.

Ce n'est pas tout: la ligne de défense principale à diriger de ces grands et vastes flancs des bastions jusque près des saillans des chemins couverts, cette ligne de défense étant fixée d'après la bonne portée des canons de place, les fronts cesseront d'être resserrés entre des limites si étroites se rapprochant de 360 mètres, car les côtés extérieurs pourront varier suivant les exigences des localités de 350 à 600 mètres et même de 800 à 1,100 mètres dans certains cas; de plus, sans recourir désormais à des ouvrages extérieurs, à des contre-gardes, à des ouvrages à corne, à des couronnés, à de doubles enceintes, une simple enceinte pourra suffire même avec moins de défenseurs et moins aguerris, et devenir par elle-même plus puissante encore à mesure que les côtés extérieurs se rapprocheront de la ligne droite, à mesure que les places à fortifier seront plus grandes, plus importantes, plus spacieuses comme cela devra être en général sous tant d'autres rapports. La puissance des enceintes augmentera ainsi dans ces cas et par les proportions plus grandes qu'on pourra donner aux faces et aux flancs des bastions et par les rentrans et par les revers plus considérables qu'ils procureront et par des obstacles *matériels* presque insurmontables qu'il conviendra encore d'opposer aux couronnemens des chemins couverts, à l'établissement des batteries de brèche et à leurs effets, aux descentes, aux passages de fossé, aux logemens sur les brèches des bastions.

En considérant bien tous les avantages inhérens à l'étendue beaucoup plus grande des nouveaux fronts, on voit encore que les demi-lunes, qui, dans les fronts actuels s'appuient sur le corps de place et qui masquent les courtines pourront, être remplacées efficacement par des lunettes portées beaucoup plus en avant, sans qu'elles cessent d'être protégées, défendues par les faces des bastions bien plus écartés les uns des autres, et que ces lunettes assez fortes pour que l'assiégeant ne puisse s'en emparer de vive force, offriront aussi entre elles, comme les demi-lunes, de premiers rentrans qui obligeront l'assiégeant à prendre ces ouvrages avancés avant de pouvoir attaquer les bastions, et qu'ainsi, tout en procurant des feux pour la défense éloignée, les lunettes ajouteront encore à la puissance de la défense rapprochée en resserrant les espaces et en forçant l'assiégeant à multiplier ses ouvrages, ses parallèles dans des rentrans sous les feux croisés de la place et de chemins couverts non ricochables.

Telle doit être aussi l'influence des grandes modifications

à apporter au front bastionné et en particulier de la plus grande étendue de la *principale* ligne de défense à fixer d'après la bonne portée du canon, que l'assiégeant sera forcé d'établir de nouvelles batteries *en deçà* de sa troisième parallèle et même d'une quatrième parallèle qu'il sera obligé de faire après s'être emparé des lunettes; il sera forcé d'établir ces nouvelles batteries pour contre-battre des flancs puissans jusque-là intacts, dont il lui sera même impossible de maîtriser les feux, soit parce qu'il ne pourra construire ses batteries qu'à de grandes distances encore des flancs, soit parce que dans des espaces resserrés il se trouvera alors sous l'action des feux directs et même d'enfilade plus nombreux que les siens et qui devront réduire ses batteries à une impuissance complète.

Enfin, les casemates à adopter pour les faces et pour les flancs des bastions mettant ces parties de l'enceinte à l'abri des ricochets et des feux verticaux, les ouvrages ne pourront donc être en butte qu'aux feux directs de plein fouet, et chose encore bien remarquable, c'est qu'alors par le fait des angles aigus des bastions, par la disposition des faces, par l'étendue des fronts, les batteries de l'ennemi seront d'autant plus exposées à être en prise aux feux d'enfilade, que, d'une part, les côtés extérieurs seront plus longs (de 500 à 600 mètres et même plus dans certains cas, fig. 14), et que d'autre part les places seront plus grandes ou les angles des côtés extérieurs plus ouverts; en effet:

L'assiégeant ne pouvant plus faire valoir ses ricochets et ne devant plus bien compter que sur un tir direct de plein fouet, pour que ce tir puisse avoir assez de justesse et d'effet sur des parapets épais, sur des terres rassises, les plus grandes distances auxquelles il faudra qu'il établisse ses batteries étant limitées à 500 mètres, par exemple, il en résultera qu'à raison de l'obliquité plus grande des faces des bastions, il faudra pour battre ces faces que l'assiégeant rapproche davantage de la place ses batteries de plein fouet et qu'il les expose ainsi à être prises d'enfilade et même de revers suivant l'ouverture des angles des côtés extérieurs et *surtout* suivant l'étendue des fronts.

D'après cet exposé, on peut juger déjà si nous avons trop avancé en disant que les moyens de la défense rapprochée peuvent être accrus dans le rapport à-peu-près des effets de l'artillerie à ceux de la mousqueterie. En jetant les yeux sur nos dessins, le lecteur un peu exercé pourra même, en comparant nos fronts avec celui de Cormontaingne, apprécier dès à présent si nos assertions sont fondées.

INFLUENCE RELATIVE DE LA SCIENCE ET DE L'INDUSTRIE SUR LES PROGRÈS DE L'ART DES FORTIFICATIONS.

En osant avancer que des *enceintes* comme nous venons de les indiquer, pourraient être assez bien entendues pour qu'elles fussent inexpugnables avec les dehors les plus simples et avec des retranchemens solides à la gorge des bastions, retranchemens ici admissibles sans demi-lunes, nous prévoyons bien que malgré tout ce que nous avons pu dire déjà et démontrer, on ne nous accusera pas moins de fascination.

Quoi ! on trace d'avance la marche de l'assiégeant : on sait qu'il sera forcé de cheminer sur les capitales, de déboucher de sa troisième parallèle pour venir couronner les chemins couverts ; on sait que dans ces couronnemens, à des endroits en quelque sorte fixés, il établira ses batteries de brèche, qu'il fera ses descentes de fossés, qu'il ouvrira de larges brèches aux escarpes, qu'il exécutera ses passages de fossés, se logera sur les brèches ! et à l'aide de toutes les ressources que peut fournir l'industrie *bien plus que la science*, pouvant étudier à loisir les localités, ayant à sa disposition le sol et tous les élémens, le temps, les matériaux les plus résistans, faciles à se procurer et à manier : la terre, la maçonnerie, l'eau, le bois, le fer, etc., eh bien ! on serait donc enchaîné par une sorte de fatalité, ou bien *les bornes de l'industrie seraient atteintes*, et l'on ne pourrait plus faire, ni même concevoir rien de rationnel, d'applicable au-delà de ce qui a été fait jusqu'à présent pour accroître les obstacles dans la défense, et *pour les rendre invincibles !*

La science n'est assurément pas ce qui manque : des choses secondaires, les poussées des voûtes, des terres, les défilemens, les déblais et remblais, voire même les ponts-lévis; toutes ces choses qui, malgré leur utilité incontestable, ont, en somme, bien peu contribué aux progrès de l'art pour accroître la défense, ces choses sont traitées avec tant de science, que l'illustre Vauban lui-même, qui s'engagea à 17 ans comme volontaire, ne pourrait plus comprendre de si savans calculs; il pourrait encore être officier de sapeurs, mais sans pouvoir même espérer de devenir ingénieur, si, par un long stage dans une école spéciale, il n'avait pas obtenu un brevet de capacité (1).

L'analyse mathématique TRANSCENDANTE sert aux artilleurs et aux ingénieurs civils et militaires *à-peu-près* autant pour les améliorations, pour les progrès des *arts* qu'ils doivent *pratiquer* et qui doivent reposer sur l'observation des faits; elle sert à-peu-près autant qu'elle pourrait servir aux astronomes pour modifier le cours des astres : c'est une maladie, dont les germes sont puisés dans une grande et célèbre école, où l'on donne à l'analyse trop d'importance pour des élèves destinés aux services publics, maladie d'autant plus grave, que, dans ces services pour les grands travaux d'utilité générale, elle étouffe l'esprit d'observation, d'industrie, et, en portant l'imagination, en l'habituant à des fictions plus dociles, elle ôte ou engourdit, au lieu de perfectionner ce tact si nécessaire pour bien voir et apprécier les choses matérielles, les rapports qu'elles ont entr'elles, au point qu'on dédaigne la pratique, les détails, et qu'on s'imagine ne rien faire de profond, si le travail dont on s'occupe n'est pas hérissé de formules fondées trop souvent sur des hypothèses, formules qui, lorsqu'elles sont mieux établies, peuvent, à la

(1) Sans doute il faut des preuves de capacité; mais quelle anomalie, d'une part, à exiger, par exemple, que des officiers de sapeurs passent deux ou trois ans à l'école de Metz pour devenir ingénieurs; d'autre part, à ne rien demander pour les services *spéciaux* de fabrication des poudres, des armes, des bouches à feu, etc., aux officiers d'artillerie qui ne sont pas passés par les écoles! N'exige-t-on pas trop des uns et pas assez des autres pour des services toujours actifs et si importans qui ne sauraient être bien remplis sans des connaissances positives et indispensables en chimie, en physique, en mécanique, etc.?

vérité, servir, non pas à trouver, mais à généraliser les faits déjà connus, bien appréciés et les rapports qu'ils ont entre eux.

Combien n'est-il pas plus difficile, par exemple, de bien représenter par des formules dont on ne manque pas, les trajectoires décrites *dans l'air* par des boulets doués de très grandes vitesses que de calculer avec exactitude le mouvement des planètes et de leurs satellites!

On peut être grand géomètre, mais ce n'est pas une raison suffisante pour qu'on soit bon artilleur ou bon ingénieur. Vauban, dont les connaissances scientifiques devaient nécessairement être bornées, excellait dans l'art de plier les fortifications au terrain et de les défiler; on ne s'est jamais plaint non plus que tant de places qu'il a fait construire ou réparer aient laissé à désirer dans leur construction pour la solidité.

Qu'on ne se prévale cependant pas contre nous de ce que nous venons de répéter après l'avoir dit déjà, il y a vingt ans, dans un livre ayant pour titre : *Introduction à l'étude de l'artillerie*; nous n'accusons pas la science que nous vénérons, nous nous élevons seulement contre les abus qu'on peut en faire, et contre les pauvres résultats que ces abus produisent.

Encore une fois, c'est sur l'esprit d'observation cultivé, c'est sur l'industrie bien plus que sur la science, que l'art, nous ne dirons pas de construire, mais de fortifier des places, doit compter pour atteindre les grandes, les indispensables améliorations qu'il réclame.

ARTICLE II.

NOUVEAUX FRONTS BASTIONNÉS.

Le but à atteindre est complexe : il faut qu'à l'aide de fortifications permanentes meilleures on parvienne, non-seulement à relever la défense de son infériorité trop bien constatée, à rendre ses moyens supérieurs à ceux de l'attaque et les places fortes, s'il est possible, inexpugnables; mais il faudrait encore que les moyens de défense du territoire par des fortifications, n'entraînassent pas le gouvernement dans des dépenses trop considérables.

Moyens de résistance les plus efficaces à obtenir avec les moindres dépenses, voilà d'une manière générale le grand problème bien difficile à résoudre *même* sur le papier, car un système quelconque fût-il reconnu le meilleur possible, tant que les corps de l'artillerie et du génie ne formeront pas un seul et même corps, il n'y aura pas moyen de réaliser de véritables, de grandes améliorations, qui; en ce qui se rapporte aux places en particulier, *doivent essentiellement tenir à de meilleures dispositions indispensables à adopter pour le bon emploi de l'artillerie, agent essentiel de la défense comme de l'attaque des places* (1).

§ 1er. — Économie; comment on doit l'entendre.

L'économie tiendra ici à la simplicité de notre système de fortification, à la réduction du nombre d'ouvrages nécessaires et à l'étendue beaucoup plus grande de nos fronts; et combien les avantages de ces dispositions plus simples ne seraient-ils pas plus appréciables encore, si la défense des places en devenait surtout bien plus facile et beaucoup plus efficace?

(1) Note H. Sur les causes qui s'opposent aux progrès de l'art des fortifications.

A la première inspection de nos dessins, en comparant le développement de nos fronts avec celui du front de Cormontaingne, on voit que le développement des faces, des flancs et de nos courtines brisées, étant bien plus grand, nous devons avoir aussi des développemens d'escarpes et de contre-escarpes plus considérables; mais si l'on veut bien remarquer :

1° Que nous n'avons pas représenté, dans le front de Cormontaingne, les retranchemens intérieurs à faire, à revêtir d'avance et indispensablement, ainsi que nous l'avons déjà assez prouvé dans le premier article, et que ces retranchemens sont beaucoup plus étendus que le seraient les nôtres;

2° Que nous remplaçons les grandes demi-lunes avec leurs réduits par de simples lunettes portées beaucoup plus en avant et que ces lunettes que nous faisons avec réduits pour dix côtés, sans réduits pour vingt côtés, deviennent elles-mêmes moins nécessaires à mesure que les tracés se rapprochent de la ligne droite;

3° Que nos fronts devront occuper une étendue de 500 à 600 mètres au lieu de 360 mètres, qu'en conséquence, pour des places *de même superficie*, nous aurons moins de fronts dans le rapport à-peu-près de 50 ou 60 à 36.

D'après ces considérations diverses, on trouve que, toutes compensations faites, nous aurons plutôt moins que plus de développement de maçonnerie en escarpes et en contre-escarpes.

Mais si, d'autre part, on considère, dans les profils (fig. 5 et 6), les modifications que nous apportons aux revêtemens des escarpes et contrescarpes, on verra qu'abstraction faite des principaux motifs qui nous ont porté à faire ces modifications (*voir* page 33), il doit y avoir là des économies réelles et assez grandes en maçonnerie, en donnant moins de hauteur aux escarpes et en faisant les contrescarpes plus hautes.

Enfin, autant ce serait mal entendre des économies en les faisant porter mal-à-propos sur des épaisseurs de maçonnerie qui doivent offrir toute la résistance désirable, autant il y aurait prodigalité à faire partout des escarpes plus épaisses, à les renforcer encore partout par des contreforts aussi rapprochés ; or, dans notre système, les brèches étant seulement praticables aux faces des bastions et encore près de leurs saillans, nos escarpes auraient là toute l'épaisseur, toute la consistance désirables ; les saillans étant les plus menacés, nous y disposerions même la maçonnerie de manière qu'elle y offrît la plus grande résistance possible et que l'escarpe étant mise en brèche, l'assiégeant ne trouvât guère que des débris de maçonnerie pour faire ses rampes. Les escarpes ainsi soignées sur ces faibles étendues, nous ne leur donnerions, puis, sur tout le reste du développement des fronts, que les épaisseurs nécessaires pour bien résister à la poussée des terres : ainsi nous parviendrions à faire encore de notables économies, et, *tout égal d'ailleurs, nos fortifications, en somme, coûteraient moins que celles des fronts de Cormontaingne.*

Mais on dira que les abris que nous proposons d'ajouter pour les hommes et pour le matériel, que les galeries crénelées et surtout les casemates seront le sujet de grandes dépenses ! et quelles dépenses encore ! dira-t-on, en matériel pour armer convenablement des fronts aussi développés ! Combien sera plus grande aussi la surface de terrain occupée par nos fronts ?

D'abord, c'est parce que nous voulons des places plus fortes, capables de bien résister, que nous proposons pour elles des modifications; et à ce sujet, des dépenses bien entendues, ainsi que nous le démontrerons plus loin, peuvent encore être considérées comme de véritables et grandes économies. Mais en envisageant les choses en elles-mêmes :

1° Il ne s'agit point de prodiguer les casemates indistinctement sur tout le développement des fronts, car les faces des bastions et leurs flancs seuls en seraient pourvus, et même au lieu de casemater entièrement ces parties des fronts, on pourrait ne faire des casemates qu'aux saillans, comme *bonnettes,* et puis sur les faces et sur les flancs, que comme *grandes traverses* casematées ; enfin, dans de *grandes* places, il pourrait se trouver des fronts où les casemates seraient encore moins nécessaires ;

2° Les galeries crénelées seraient d'une faible dépense, surtout celles adossées aux contrescarpes pour la défense des fossés, galeries qui seraient d'ailleurs construites en même temps que les contrescarpes ;

3° Il ne s'agirait point de hérisser le développement entier des fronts de bouches à feu : ainsi qu'on le verra plus loin, nos armemens ne seraient guère plus forts que ceux que demandent les meilleurs auteurs pour les places du système de Cormontaingne ;

4° Enfin, si nos fronts doivent occuper une plus grande surface de terrain, nous considérons cela bien plus comme un grand avantage que comme un inconvénient, puisque sur tout ce terrain nous pourrons maîtriser plus facilement et bien mieux l'assiégeant avec moins d'ouvrages et avec moins de défenseurs ; d'ailleurs n'y aurait-il donc pas possibilité de rendre ces terrains plus productifs par des irrigations, en disposant pour cela, en temps de paix, des moyens à employer pour la défense, en temps de guerre (*Voir* la description de la fig. 10).

En considérant nos fronts *complets* pourvus de tous leurs moyens nouveaux, nous convenons sans peine qu'en somme, ils coûteraient un peu plus que les fronts *nus* de Cormontaingne ; mais, à part leur valeur incomparablement plus grande, nous disons qu'*il y aurait encore une grande économie pour l'État à les préférer*, par le fait seul qu'ils exigeraient bien moins de troupes réglées pour les défendre et que l'armée *permanente* qui doit être assez forte pour pouvoir satisfaire à tous les besoins de la guerre, fournir toutes les garnisons, pourrait être notablement réduite, si les places étaient construites d'après notre système (1).

(1) Pour rendre palpable l'économie qu'il y aurait pour le trésor, supposons une place de vingt fronts, et, tout compensé, de 2 millions le surcroît de dépenses à faire pour donner à nos fronts toute la force dont ils seraient susceptibles : mais, dans notre cas, cette place, en temps de guerre, exigerait *au plus* 4,000 hommes de troupes *réglées*, tandis que, dans le système actuel, une place de même superficie ayant d'ailleurs plus de vingt-sept fronts, il faudrait *plus de* 10,000 hommes *de troupes de ligne ;* différence 6,000 hommes que l'armée aurait à fournir en plus dans un cas que dans l'autre et qu'*il faut entretenir en tout temps ;* mais, à 500 fr. seulement par homme, les 6,000 hommes coûtent donc annuellement 3 millions : ainsi les 2 millions de surcroît de dé-

Nous avons dit que des dépenses bien entendues peuvent souvent être considérées comme de véritables économies, et c'est en fortification surtout que cela doit être vrai ; car en fortification, plus qu'en toute autre chose, la *qualité* doit l'emporter sur la *quantité*; il s'en faut que celle-ci puisse suppléer l'autre en fait de places fortes, soit qu'on les considère en *elles-mêmes*, ou dans *leur ensemble :* 1° en elles-mêmes, car c'est moins le nombre des ouvrages qui importe que leur qualité ; 2° dans leur ensemble, car il vaudrait mieux n'avoir en France que dix-huit ou vingt places plus ou moins grandes, et vingt à vingt-cinq plus petites, servant de doubles têtes de pont ou destinées à commander des défilés dans des pays de montagne, et faciles dans ces deux cas à bien fortifier. Toutes ces places étant beaucoup plus fortes et bien situées, vaudraient incomparablement mieux que cent cinquante ou cent quatre-vingts places de toutes grandeurs, susceptibles en général d'une faible résistance et qui exigeraient plus de frais d'entretien, qui absorberaient beaucoup plus d'hommes et de matériel pour leur défense, et sur lesquelles on ne pourrait pas assez compter en temps de guerre (1).

penses rapporteraient à l'Etat, *chaque année*, 150 pour 100, abstraction faite de la valeur intrinsèque *bien supérieure* des nouvelles fortifications, qui est surtout à considérer !

(1) Puisqu'il s'agit d'économie, s'est-on bien rendu compte jusqu'à présent de tout ce que coûtent *annuellement* au trésor public tant de places fortes auxquelles il faudrait des garnisons en temps de guerre, éventualités qui ont dû ou devraient être comptées pour la fixation du chiffre de l'armée *permanente?* Pourtant, s'il était reconnu que, *par le trop grand nombre de places existantes*, il y eût en temps de guerre 60 à 80,000 hommes *mal-à-propos* disséminés dans des garnisons, ce serait donc une dépense de plus de 30 à 40 millions, faite *chaque année*, par le gouvernement, pour des troupes qui, dans *de grandes guerres* pour lesquelles la France doit être préparée, iraient se fondre dans des garnisons où elles seraient paralysées!!

Quels avantages, quelle grande économie ne trouverait-on pas à employer, pendant quelques années, des millions par dizaines à améliorer plutôt les places existantes *à conserver* et à raser les autres places qu'on jugerait inutiles et par conséquent trop onéreuses en temps de paix et nuisibles en temps de guerre!!

En résumé :

L'économie ne peut être que relative et aux dépenses qu'exigent les constructions et à la valeur propre des ouvrages; il ne s'ensuit pas qu'on puisse parvenir à faire de bonnes, de solides fortifications avec peu de dépenses : des ingénieurs ont dit déjà qu'en fait de fortifications à construire, il faut ouvrir la bourse et fermer les yeux : en cela on aurait raison si, par des dépenses bien faites et avec peu de troupes réglées, on pouvait réellement parvenir à rendre des places inexpugnables ; c'est sur l'*emplacement*, sur l'*utilité*, sur le *nombre* des places qu'il faut surtout ouvrir les yeux : encore une fois, il faut peu de places, mais des places en général grandes et bien placées qui, bien conditionnées, puissent à plus juste titre mériter le nom de PLACES FORTES et qui exigent peu de troupes réglées pour les défendre; ainsi que nous l'avons déjà dit, la quantité ne peut ici suppléer la qualité, *la différence peut aller du bien jusqu'au mal* pour un État qui épuiserait ses ressources en temps de guerre à approvisionner en hommes et en matériel une foule de places dont quelques-unes *seulement* seraient peut-être attaquées et ne pourraient même pas faire une assez grande résistance.

§ 2. — Résistance.

Les moyens de résistance doivent consister dans des ouvrages de fortification en eux-mêmes passifs comme tout le matériel nécessaire pour leur armement convenable et puis dans les hommes qui doivent animer ces moyens inertes de défense et les faire mieux servir à accroître la résistance. Il doit donc y avoir des rapports nécessaires entre les moyens divers (hommes et choses) qui concourent à la défense, et c'est de l'étude de ces rapports que doivent ressortir les combinaisons les plus avantageuses pour la défense et à défaut de résultats déjà obtenus, la démonstration cependant positive déjà de la préférence à leur accorder. Mais nous ne pouvons pas faire ici un traité, nous n'en avons pas la prétention : il faut que nous nous bornions à saisir les points principaux et à exposer le plus succinctement possible nos idées, ainsi que nous avons déjà commencé à le faire dans le premier article, tout en revenant plus d'une fois sur les considérations qui par leur importance semblent mériter le plus de fixer l'attention.

Deux des moyens, les défenseurs bien inférieurs en nombre aux assiégeans et le matériel de la place : ces deux moyens ne pouvant avoir une grande valeur que par le troisième moyen, par des fortifications bien entendues, il faut donc que ces fortifications soient combinées de telle manière que, présentant aux assiégeans les plus grands obstacles matériels à vaincre, elles offrent aux assiégés les dispositions les plus convenables, soit pour faire valoir ces obstacles par l'emploi le plus avantageux du matériel (artillerie, mousqueterie), soit pour faciliter, protéger l'action directe des défenseurs dans des sorties ou actions de vigueur ; de plus, il faut encore que les fortifications couvrent et mettent les assiégés et le matériel, autant que possible, à l'abri des effets des projectiles de l'ennemi.

Voilà bien d'une manière générale les conditions importantes à remplir, mais il est nécessaire de préciser mieux ces conditions que nous avons déjà indiquées dans le premier article, et pour cela il faut que nous entrions encore dans des détails pour tâcher de faire mieux voir comment on pourrait parvenir à satisfaire à-la-fois à tant d'exigences et à construire finalement des places capables d'une résistance beaucoup plus efficace.

Déjà, dans l'introduction, nous avons distingué la défense *éloignée* et la défense *rapprochée* ; nous avons dit qu'il n'y avait guère moyen d'empêcher l'assiégeant d'arriver jusqu'au pied des glacis, que jusque-là on ne pouvait que le retarder dans ses travaux d'approche par des ouvrages avancés, par des sorties vigoureuses et par des feux d'artillerie contre les batteries et surtout contre les têtes de sape de l'ennemi. Cette distinction entre la défense éloignée et la défense rapprochée, est d'autant plus importante, essentielle, que, comme nous venons de le dire, la première ne peut que retarder l'assiégeant, tandis que la dernière pourrait par des dispositions convenables, rendre les efforts des assiégés décisifs pour le salut de la place à défendre.

DÉFENSE ÉLOIGNÉE.

Nous avons indiqué, dans la note B, comment on pourrait parvenir à prolonger la défense éloignée et les inconvéniens des moyens auxquels il faudrait pour cela recourir : il faut donc que, sans ces moyens trop onéreux et trop peu décisifs, il faut que, sans troupes nombreuses et toutes aguerries, sans multiplication d'ouvrages, notre fortification soit généralement disposée de manière à obliger toujours l'assiégeant à établir avec lenteur ses grandes places d'armes et ses divers cheminemens, sans qu'il cesse d'être exposé aux feux de la place, aux sorties, sans qu'il cesse, par conséquent, d'essuyer des pertes et de grandes fatigues.

Or, d'après nos tracés, outre les feux que pourront fournir les différentes parties de notre enceinte: d'une part, les faces des bastions, d'autre part les flancs et les courtines qui ont de grands commandemens; l'étendue beaucoup plus grande de nos fronts permet aussi de porter en avant de chaque front une lunette flanquée par les faces des bastions et qui aura pour but d'accroître la résistance, non-seulement en forçant l'ennemi à s'en emparer d'abord, mais encore en fournissant des feux contre les têtes de sape, conjointement avec d'autres dehors et même avec le corps de place, et en répondant ainsi d'abord aux exigences de la défense la plus éloignée. De plus, avant de pouvoir approcher des bastions, l'assiégeant ayant à prendre ces ouvrages avancés construits assez solidement pour ne pas être exposés à être enlevés de vive force et auxquels suivant les tracés et l'importance des localités, on pourrait faire encore des réduits, il en résulterait des avantages pour l'assiégé, par les pertes et les retards plus ou moins considérables que l'ennemi éprouverait (1).

Mais, qu'on le remarque bien, ce ne sera encore là que des retards et une défense éloignée, et ce que nous avons en vue principalement, c'est la défense rapprochée que nous considérons comme capitale, parce qu'elle peut devenir décisive

(1) Note I, Sur l'utilité des lunettes.

en rebutant par de trop grands périls l'assiégeant, déjà d'autant plus fatigué que la défense éloignée lui aurait, à la vérité, été déjà plus préjudiciable, et en le forçant à reculer, à lever le siége, ou mieux encore, par prévision, en éloignant de lui l'idée de l'entreprendre ; car, quelle est la valeur *totale* d'une fortification qui ne retarde que de quelques jours la capitulation d'une place qu'*on est sûr de prendre*, en comparaison de la valeur d'ouvrages qui rendraient les siéges *beaucoup plus chanceux* et qu'il ne tiendrait qu'à des garnisons bien pourvues et assez énergiques de faire échouer.

DÉFENSE RAPPROCHÉE.

Ce n'est que dans la défense rapprochée où l'assiégeant cesse de pouvoir être aussi bien maître du terrain, où il est plus éloigné de ses dépôts de tranchée et de ses places d'armes, où il cesse d'envelopper et pourrait être plus exposé aux feux de toutes sortes : des armes à longue et à petite portée et aux actions de vigueur, c'est dès-lors qu'on pourrait être mieux fondé à espérer de parvenir à faire échouer l'assiégeant, en disposant pour cela *convenablement* les moyens de défense.

Dispositions générales des ouvrages et des défenseurs.

Mais pour pouvoir arrêter l'ennemi dans la défense rapprochée, pour lui faire éprouver les plus grandes pertes de temps, d'hommes et de matériel, pour le forcer à reculer même et à lever le siége par le surcroît de périls auxquels il serait exposé, il faut que différentes parties du corps de place soient surtout disposées de manière à favoriser le plus possible cette défense essentielle; il faut que, par ces dispositions, les moyens de résister de près aient été jusque-là épargnés, qu'ils soient puissans sur les logemens de l'ennemi; il faut que l'assiégeant trouve dans ses derniers cheminemens les plus grands obstacles *matériels* à surmonter, et que d'autre part, toutes les dispositions aient pu être prises à l'avance pour qu'il y ait le moins possible de travaux à faire pendant le siége, qu'ainsi la garnison puisse être épargnée aussi, qu'elle ait, qu'elle conserve la conscience de la puissance de tous ses moyens, que bien pourvue d'abris, de munitions, de subsistances, elle ne soit pas épuisée déjà par les fatigues et les privations, qu'enfin avec la conviction que le succès ne dépend que d'elle, elle puisse alors développer l'énergie nécessaire pour l'obtenir.

Nous insistons d'abord sur ce point, parce que la garnison d'une place est l'âme de la défense (1).

ABRIS DIVERS.

L'expérience prouve assez que par ses ricochets, par le tir de plein fouet, par des feux verticaux, l'assiégeant parvient à ruiner en partie les parapets de la place, à démonter les pièces, à rendre en quelque sorte intenables les faces des ouvrages et que de la plupart des positions qu'il occupe ; il maîtrise surtout par ses ricochets l'artillerie des assiégés et agit sur leur moral tellement que la défense rapprochée qui devrait reprendre l'avantage, se trouve paralysée par le triste état dans lequel se trouvent alors les moyens (parapets et artillerie) et les défenseurs eux-mêmes TOUJOURS ET PARTOUT exposés et déjà épuisés qui ne voient autour d'eux que dévastation et ruines qu'ils jugent impossible de disputer encore aux assiégeans.

Pour que la défense rapprochée puisse devenir tout ce qu'elle devrait être, pour que l'artillerie et les défenseurs aient et conservent leur valeur, il faut donc et avant tout, tâcher de prévenir cette dévastation, ces ruines, et pour cela il faut de toute nécessité que les défenseurs et l'artillerie aient des abris, que l'artillerie en ait au moins sur les faces où elle serait le plus en prise aux coups de l'ennemi, sur celles des bastions et qu'elle en ait encore sur les flancs principaux appelés à jouer un si grand rôle ; de plus il faudrait que les défenseurs de service et surtout ceux de bivouac ou rassemblés pour des actions de vigueur, fussent sur plusieurs points,

(1) Note K. Sur la composition des garnisons.

dans les places-d'armes, dans les fossés, moins exposés et aux feux de l'ennemi et même aux injures du temps, qu'enfin avec un peu de sécurité ils pussent avoir quelque repos.

Traverses.

Les traverses en terre, que l'on fait à la hâte, *au dernier moment*, et que l'on est obligé d'espacer pour qu'elles prennent moins de place, et parceque leur construction demande du temps et coûte des fatigues, ces traverses sont même insuffisantes contre les ricochets : l'expérience le prouve de reste et elles ne garantissent point des feux verticaux ni des injures du temps.

Batteries blindées.

On peut, à la vérité, blinder les batteries ; mais à ce moyen quels grands inconvéniens ! il faudrait des forêts entières à exploiter et des magasins immenses seulement pour remiser en temps de paix les bois débités ; et puis, que de temps, de fatigues *pendant un siége*, pour transporter les bois, pour construire ces batteries, pour les entretenir et les réparer ; et nous avons dit avec quel soin il importait de ménager les défenseurs, de conserver leur vigueur. Enfin, à part tous ces graves inconvéniens, des batteries blindées vaudraient-elles des batteries casematées en maçonnerie, n'exigeant pas de réparations et qui mettraient à l'abri même des pluies pénétrant dans les batteries blindées à travers les terres et les bois ? vaudraient-elles des casemates mieux appropriées au service, plus spacieuses, offrant un champ de tir plus large *et qui seraient autant de cases préparées à l'avance*, où l'on n'aurait qu'à mettre en batterie les bouches à feu ?

D'ailleurs, nous avons à abriter aussi les défenseurs dans les dehors et dans les fossés, et ce serait déjà bien assez d'avoir à se pourvoir de blindages pour ces abris et pour border les créneaux de nos casemates, sans même compter tout ce qu'il faudrait encore de bois, dans certains cas, pour blinder des bâtimens, hôpitaux, magasins, etc.

Casemates pour l'artillerie.

Il faudrait donc des casemates pour abriter les bouches à feu et leurs servans. Mais que n'a-t-on pas dit déjà contre les casemates ? Cependant il peut y en avoir de bien des espèces comme bien des manières de s'en servir.

D'après les grands développemens que nous donnons aux parties diverses de nos fronts et surtout aux flancs des bastions disposés de manière que l'ennemi ne pourrait contre-battre ces flancs qu'après avoir débouché de sa troisième ou quatrième parallèle et de très loin encore, les emplacemens ne manqueraient pas sur les remparts pour les casemates et pour l'artillerie à laquelle, comme nous l'avons dit, nous affectons spécialement tout le corps de place. Qu'on veuille bien remarquer combien serait précieux pour la défense l'avantage de pouvoir placer, disposer l'artillerie sur un grand pourtour, pouvant ainsi de divers points faire converger des feux pour bouleverser les travaux, les batteries de l'assiégeant, tandis que les efforts de celui-ci resteraient impuissans contre l'artillerie de la place, ainsi disséminée et garantie partout contre les ricochets, et sur plusieurs points importans contre les feux verticaux par des voûtes, et contre les coups *directs* par de grandes épaisseurs de parapets en terre rassise ; par des massifs de bois et ne donnant enfin prise aux feux de l'ennemi que par les plus petites ouvertures d'embrasures que l'assiégeant ne saurait guère se flatter d'atteindre des grandes distances où nous le forcerions encore à établir ses batteries.

Il ne s'agira donc pas ici de faire plusieurs étages de casemates qui coûteraient plus, qui seraient bien plus en prise aux coups de l'ennemi, qui seraient d'un service difficile, etc. ; il ne faudra même pas, comme nous l'avons fait pressentir, laisser à nu leur mur de face, ici percé de larges ouvertures.

Eh bien ! qu'à la place même des batteries blindées, on suppose des arceaux en maçonnerie, dont la clef (*intrados*) soit assez élevée (de 3 mètres environ pour affûts de place sur leurs châssis), et les pied-droits espacés de 5 mètres à-peu-près, d'axe en axe : déjà sous ces arceaux *seuls*, l'artillerie ne serait-elle pas à l'abri des ricochets et des feux verticaux? (*Voir* la fig. 8.)

Mais ces casemates auraient de plus devant elles les parapets et les mêmes embrasures que pour les batteries blindées, avec merlons, etc.; sur l'arrière elles seraient entièrement ouvertes, et sur l'avant il y aurait bien un mur, mais avec un grand cintre évidé, évidement qui faciliterait même le service et permettrait de donner aux canons *de place* en batterie plus de saillie en dehors. Par le fait des merlons, il n'y aurait plus à découvert qu'une très petite partie du mur de la largeur seulement du créneau ouvert au milieu d'un massif de lambourdes, et encore cette petite portion de maçonnerie au-dessus serait elle-même masquée par ces bois comme on le voit dans la fig. 8; en sorte que l'artillerie dans ces casemates serait complétement garantie contre les éclats de pierre et très peu exposée aux coups directs, et moins encore lorsque, comme pour le tir des obusiers, le fond des embrasures aurait une contre-pente qui pourrait masquer entièrement le créneau.

Enfin, les parapets en avant devant avoir de grandes épaisseurs et les talus extérieurs étant moins en pente, il y aurait aussi moins à craindre que les embrasures qui seraient d'ailleurs masquées tant qu'on ne s'en servirait pas, éprouvassent de grandes dégradations.

Il est si nécessaire de parvenir à bien abriter l'artillerie dans la défense des places, et les casemates *telles que nous les proposons*, devant, si nous ne nous trompons pas, satisfaire à ce besoin, il importe de prévenir et de discuter les diverses objections que l'on pourrait faire; ne pouvant pas ici entrer dans tous les détails que ce sujet comporte, nous prions le lecteur de consulter la note L, dans laquelle nous tâchons d'apprécier les diverses objections contre les casemates et contre les autres abris que nous proposons aussi pour les troupes.

Galeries crénelées, traverses voûtées, et blindages inclinés pour les troupes.

Les défenseurs, dans les places actuelles, qu'ils soient de service ou de bivouac, étant partout à découvert et exposés pendant toute la durée du siége, aux feux de l'ennemi et aux injures du temps, comment les souffrances et les dangers incessans n'influeraient-ils pas sur leur physique et sur leur moral, même abstraction faite de tous les travaux dont on les accable et qui contribuent encore à les épuiser, à part l'aspect encore des ruines autour d'eux et les privations et la perspective d'une capitulation inévitable, toutes choses peu propres à entretenir leur énergie et à soutenir leur courage.

C'est surtout dans l'attaque des places qu'on voit, à force ouverte appliqués en grand et réunis tous les efforts de l'*intimidation* combinés avec les dangers, avec les fatigues et les privations pour affaiblir la résistance.

Les moyens les plus favorables à la défense ne pouvant avoir toute leur valeur que par la vigueur de la garnison, pour relever la défense, indépendamment des moyens matériels mieux combinés, il faut donc que la garnison ait la conscience de sa force, il faut qu'elle conserve sa vigueur et pour cela il faut de toute nécessité qu'elle soit ménagée et abritée : aussi conviendrait-il que les abris ne fussent pas épargnés dans les places-d'armes, dans leurs réduits et qu'ils fussent autant que possible préparés à l'avance. Ici ils consisteraient :

1° En des *galeries crénelées* soit dans les places-d'armes au dehors en avant des courtines, soit dans les fossés; les premières seraient adossées aux chemins couverts sous les banquettes comme on le voit en G dans la fig. 7 ; elles serviraient pour les hommes de bivouac, pour les rassemblemens divers; elles pourraient même être remplacées par un simple mur avec blindages au besoin , comme on le voit dans la fig. 11.

Les galeries dans les fossés seraient adossées aux contrescarpes et destinées *soit* à rendre inaccessibles à l'ennemi les fossés des courtines, même après les descentes en face des brèches supposées faites aux bastions, *soit* à défendre les angles morts des crochets ou grandes traverses *revêtues*, qui, dans les fig. 3 et 4, masquent l'escarpe des courtines aux contre-batteries de l'ennemi, etc.

Ces diverses galeries n'étant point vues, ni battues des dehors, les défenseurs y seraient parfaitement à l'abri.

2° En *traverses voûtées* dans les réduits A A de la place-d'armes fig. 4, réduits modifiés dans les fig. 3 et 2, suivant la forme des tracés; les pieds-droits de ces voûtes seraient à nu et percés de baies *du côté de la place, etc.*

3° En *blindages peu inclinés* formant une grande banquette dans le réduit B fig. 3 et 7; cet abri, sous lequel les hommes pourraient être assis, ne serait pas étendu, comme on le voit dans la fig. 3.

4° Enfin en *blindages inclinés* dans les fossés où les assiégés pourraient être bien abrités encore à la gorge de la grande place-d'armes et derrière les réduits ou ailerons A A des fig. 2 et 3.

Comme on le voit, nous n'avons pas épargné les abris pour l'artillerie et pour les hommes de bivouac, pour les diverses postes, pour les rassemblemens. Les défenseurs étant ainsi ménagés seraient plus dispos, toujours plus alertes, et avec des casemates on pourrait compter sur de meilleurs effets d'artillerie et en général sur de plus grands efforts, sur le succès des retours offensifs, des actions de vigueur, surtout dans la dernière période de la défense qui devrait enfin être décisive par la grande supériorité que sous tous les rapports la défense pourrait alors reprendre sur l'attaque.

ARTILLERIE. — DISPOSITIONS NÉCESSAIRES POUR UN EMPLOI PLUS ÉTENDU ET PLUS UTILE DES BOUCHES A FEU.

L'assiégeant étant obligé de cheminer suivant des directions déterminées et connues d'avance (suivant les capitales) parce qu'à suivre d'autres directions, il y aurait plus de dangers pour lui, il faut que dès les débouchés de sa 3e ou 4e parallèle (1),

(1) Suivant que les fronts n'auront pas ou auront des lunettes.

dans ses approches des saillans des chemins couverts des bastions, il faut qu'il soit reçu par des salves d'artillerie qui puissent l'accabler de manière que déjà il ne lui soit plus guère possible d'établir et encore moins de maintenir des batteries *rapprochées* et de manière qu'il soit encore pour lui sinon impossible, au moins très périlleux, d'entreprendre et de poursuivre le couronnement des chemins couverts, de construire ses batteries de brèche et contre-batteries; *il faut que les saillans des chemins couverts, ces parties faibles deviennent cependant fortes comme les cornes du taureau,* et que la vigueur des moyens réservés à la défense rapprochée puisse être dirigée déjà sur les approches de ces saillans et *surtout* contre les travaux du couronnement de ces dehors et contre les batteries de brèche.

Qu'avons-nous vu dans le système actuel ? Les demi-lunes et leurs chemins couverts en grande saillie abordés, couronnés, les cavaliers de tranchée, les batteries de brèche et contre-batteries établies à-peu-près à *jours fixes,* les faces des bastions ne pouvant s'y opposer que près de leurs saillans par quelques pièces soustraites peut-être aux ricochets et derrière des parapets délabrés, et les demi-lunes collatérales ne pouvant non plus avoir une grande influence par leurs feux de revers, puisqu'elles peuvent encore, mieux que les bastions, et *toujours,* être maîtrisées par les ricochets de l'assiégeant; puis, les demi-lunes et leurs réduits occupés par l'ennemi, nous avons vu l'assiégé dès-lors chassé des dehors, refoulé dans le corps de place et la reddition imminente !

Une telle défense n'est pas celle qu'il faut, et les demi-lunes trop faiblement soutenues, trop vicieuses en elles-mêmes, nous avons dit, dans le premier article, les divers motifs qui nous portent à les supprimer et à simplifier ainsi le tracé de nos fronts bastionnés auxquels nous croyons ajouter ainsi beaucoup de force au lieu de leur en ôter.

Mais sans les demi-lunes, qui, par leur saillie, défendent les approches des chemins couverts des bastions, d'où pourrons-nous tirer toute la puissance qui devra rendre le couronnement de ces chemins couverts si difficiles pour l'assiégeant? D'où viendront ces feux d'enfilade, de revers qui devront protéger si fortement des dehors que l'ennemi sera toujours forcé d'aborder, de couronner pour pouvoir battre en brèche les bastions ?

Assurément, ce n'est pas, comme nous l'avons déjà dit, des flancs actuels des bastions, flancs trop faibles, qui sont pris à dos, de revers, qui ne pourraient avoir que des écharpes impuissantes sur les batteries de brèche établies, qui enfin ne pourraient bien défendre que les fossés des bastions, si ces flancs n'étaient bientôt réduits à l'impuissance par les contre-batteries de l'ennemi.

Il faut donc de toute nécessité s'écarter du tracé suivi, car ce sont des flancs convenablement disposés, *puissans par leurs feux de revers* et *difficiles à contre-battre*, qui seuls puissent bien conduire au but que nous nous proposons.

Mais, en rendant ainsi les approches des bastions difficiles pour l'assiégeant, il faut cependant qu'il soit toujours forcé de diriger sur ces points ses attaques, par les difficultés plus grandes encore qu'il trouverait à pousser ailleurs ses cheminemens ; car il faut que les flancs et les courtines soient inabordables à raison des feux nombreux d'artillerie et de mousqueterie qui se croiseraient sur leurs approches, et pour cela il faut que les faces de bastions, leurs flancs et les courtines à briser encore, présentent le plus grand développement possible, que l'artillerie puisse y avoir des emplacemens partout, et qu'à *cet effet le corps de place lui soit spécialement réservé* et que, par des dispositions convenables et bien simples, la possession de dehors *essentiels* étant *toujours* assurée pour les retours offensifs, *les dehors soient affectés plus particulièrement à la mousqueterie* ; mais il faut surtout que par le nombre et par les calibres de ses bouches à feu, l'artillerie de la place soit en état, dans la défense rapprochée, de dominer de maîtriser l'artillerie des assiégeans, qui, dès-lors enveloppés plutôt qu'enveloppant :

1° Ne pourront plus, en deçà d'une troisième, d'une quatrième parallèles, se servir de leurs batteries éloignées contre nos fortifications en partie rasantes avec glacis peu en pente ;

2° Ne pourront non plus construire de batteries contre nos *principaux* flancs qu'après avoir débouché de leur troisième ou quatrième parallèle, et encore à des distances très grandes de ces flancs, car il faudra qu'ils s'efforcent de les établir avant de songer à couronner les chemins couverts, afin d'atténuer, autant qu'il leur sera possible, les effets de nos feux de revers contre ces couronnemens; mais il arrivera encore que dans ces positions éloignées de 500 mètres et plus, et très resserrées par les lunettes (fig. 3), les batteries ennemies seront exposées non-seulement à être contre-battues directement par un nombre supérieur de bouches à feu des flancs et des courtines, mais encore à être prises d'enfilade, de revers par les flancs des fronts collatéraux.

Enfin, il faut que l'ennemi ne puisse se borner à l'attaque d'un seul bastion, sans se trouver écrasé par les feux de deux fronts qui lui opposeraient une masse d'artillerie trop grande pour qu'il lui fût possible de poursuivre ses attaques sur ce bastion. Les nouveaux tracés, soit à raison de la plus grande étendue des fronts convenablement armés, soit à raison de la coopération plus active des fronts collatéraux, ces tracés devront donc obliger l'ennemi à étendre beaucoup plus ses travaux, et avoir un matériel de siége bien plus considérable, et à exposer plus encore ce matériel en forçant l'assiégeant à établir si désavantageusement en deçà d'un quatrième parallèle, de nouvelles batteries que l'artillerie de la place, encore intacte sur divers points importans, parviendra plus aisément à maîtriser.

Ce n'est pas tout encore :

Feux verticaux combinés avec les sorties.

Par suite de l'obligation imposée à l'ennemi de développer si près de nos remparts, sur les glacis mêmes, de nouveaux moyens d'attaque et surtout des batteries contre des flancs éloignés, puissans et *jusque-là intacts ainsi que les courtines*, outre la supériorité du nombre et de l'action que nos batteries des flancs devront conserver sur ces contre-batteries de l'ennemi, c'est dès-lors que des actions de vigueur combinées avec nos feux verticaux, devront aussi concourir à maîtriser les efforts de l'assiégeant, lui faire éprouver des pertes de temps, d'hommes, et achever de ruiner ses travaux, tourmentés, balayés déjà par nos batteries (1).

Mais encore pour cela il faudra que nos sorties soient toujours faciles à exécuter, qu'elles soient faites à petites distances de nos chemins couverts parallèles aux courtines, qu'elles soient bien protégées par ces chemins couverts non ricochables et par des réduits de places-d'armes inaccessibles, dans de grands rentrans que l'ennemi ne pourra pas atteindre, et dans lesquels les défenseurs pourront être tenus rassemblés sous de bons abris.

Sommes-nous réellement parvenu dans nos tracés à satisfaire à tant d'exigences? Les hommes compétens, auxquels nous devons surtout nous adresser, peuvent, à l'inspection de nos dessins, apprécier jusqu'à quel point nous avons satisfait à toutes les conditions énoncées. Cependant nous devons dire encore comment, en nous fondant sur les puisssans effets que l'artillerie peut produire, nous avons établi les principales parties de nos tracés et fixé l'étendue de nos fronts.

Tracés déduits des dispositions nécessaires pour un bon emploi de l'artillerie.

Nos lignes de défense devant être dirigées des principaux flancs jusque près des saillans du chemin couvert des bastions, nous devions subordonner l'*étendue* de ces lignes de défense à l'efficacité du tir des bouches à feu, efficacité subordonnée elle-même et aux distances où les projectiles conservent assez de force et à la probabilité d'atteindre le but, conditions à réunir, jusqu'à un certain point, pour qu'on puisse compter sur les bons effets de l'artillerie.

Or, en consultant les données de l'expérience, on trouve qu'avec l'artillerie de place (canons de 12 et de 16 et obusiers de 6^{0} et 8^{0}) on peut avoir, à des distances de 500 et même de 600 mètres, dans le tir, assez de justesse, et dans des terres fraîchement remuées, des pénétrations bien suffisantes, de ma-

(1) Note M. Sur l'emploi des *volans*, comme armes de projection dans la défense rapprochée.

nière à pouvoir compter sur les bons effets des bouches à feu à ces distances (1). D'après ces considérations, nous aurions donc pu donner 600 mètres de longueur à nos lignes de défense et obtenir par suite des fronts d'une étendue *au-dessus* de 600 mètres au lieu de 500 mètres, extension très avantageuse, soit parce que nos lunettes auraient été encore mieux flanquées par les faces des bastions, et les batteries directes de plein fouet de l'ennemi contre ces faces, plus exposées à être prises d'enfilade; soit parce que la puissance de nos fronts aurait pu être aussi plus grande encore par des faces, par des courtines et par des flancs plus étendus, par des rentrans encore plus spacieux, et qu'il y aurait eu de plus une économie relative plus grande dans les constructions; qu'enfin nos flancs se seraient trouvés à de plus grandes distances des *nouvelles* batteries de l'ennemi, les seules dont il puisse tirer parti dans la défense rapprochée et qu'il serait forcé d'établir à des distances où il ne pourrait plus guère obtenir de bons effets sur des embrasures étroites, bien conditionnées, et sur des parapets plus épais en terre rassise.

Mais quelque grands que puissent être ici les avantages à étendre les fronts, nous ne devions pas perdre de vue, d'une part, que nous proposons des tracés entièrement nouveaux, et qu'il ne convient pas de trop s'écarter d'abord des idées jusqu'à présent reçues ; d'autre part, qu'il ne s'agit pas seulement de songer à la fortification en elle-même, mais encore à son appropriation aux terrains divers qui ne permettront pas toujours de donner aux fronts autant d'étendue, étendue que, dans notre système, on pourra d'ailleurs faire varier aisément de 400 à 600 mètres, suivant les localités : ainsi, en nous en tenant à 500 mètres pour la longueur des côtés extérieurs de nos fronts, c'est une étendue *moyenne* que nous adoptons, pour nous conformer à des exigences à-la-fois de circonstances et de localités.

Si les espaces circonscrits à fortifier et la forme des terrains n'imposaient pas trop souvent des obligations, qu'on jette les

(1) Note N. Sur les effets des bouches à feu aux distances de 400 et 600 mètres.

5.

yeux sur la fig. 14, on y verra des fronts d'une étendue ici *moyenne* de 950 mètres, qu'on pourrait aussi faire varier de 800 à 1100 mètres, fronts bien simples, qui, pourtant sans ouvrages extérieurs, *sans lunettes*, auraient une grande puissance par les effets de l'artillerie qui ne permettrait à l'ennemi de construire ses batteries de plein fouet, nulle part à *bonne portée*, sans qu'il fût exposé à être pris d'enfilade, de revers. Pour faire mieux apprécier la valeur que nous croyons bien supérieure, sous tous les rapports, de ces grands fronts, comparés à ceux de Cormontaingne, nous aurions désiré pouvoir mettre aussi en regard ces derniers, sur la même échelle et dans les mêmes circonstances.

Revenons à nos fronts ordinaires.

Les lignes de défense aboutissant dans la fig. 2, *aux saillans* du chemin couvert des bastions, n'auraient que 470 mètres de longueur pour des fronts de 500 mètres; dans les fig. 3 et 4, nous modifions un peu la direction de la ligne de défense, en la faisant aboutir pour la fig. 3, *entre* le saillant et la contrescarpe, et pour figure 4, *sur la* contrescarpe elle-même.

Nos principaux flancs sont en arcs de cercle décrits des points pris sur les capitales; et pour pouvoir, en quelque sorte, battre à dos les tranchées, les batteries de brèche et contre-batteries de l'assiégeant, pour les petits flancs que nous faisons aux bastions afin d'en augmenter la capacité, nous avons même pris comme centres de leur tracé, les *saillans* des bastions.

Nous ne considérons, au reste, les courbures que nous donnons aux flancs comme utiles que parce que nous supposons ces flancs casematés et qu'il importe alors que les embrasures aient les directions les plus convenables : à ce sujet, la détermination des points de centre de nos arcs qui, ici, sont tous *sur les capitales* et qu'on voit *portés ailleurs* dans la fig. 13, doit être l'objet d'une discussion intéressante que nous sommes obligé de renvoyer à notre deuxième mémoire dans lequel nous nous proposons de revenir sur les divers détails pour tâcher de les mieux traiter.

Les principaux flancs devant être destinés à opposer la

résistance la plus vive, la plus efficace aux travaux les plus importans, les plus difficiles de l'assiégeant, d'autre part nous avons tiré des courtines mêmes, en les brisant, le *flanquement* des faces des bastions et avons été ainsi conduit à des modifications des courtines, suivant le nombre des côtés extérieurs.

Enfin, en envisageant nos tracés dans leur ensemble, on voit que, pour ces tracés, les angles flanqués des bastions étant les mêmes et les plus petits que l'on puisse bien admettre en pratique, nous avons ramené à trois types principaux, tous les tracés des courtines : le premier, depuis l'hexagone jusqu'à quinze côtés, représenté par la fig. 2; le deuxième, depuis seize côtés jusqu'à trente-six, par la fig. 3 ; le troisième, enfin, pour les tracés se rapprochant de la ligne droite, par la fig. 4.

Mais dira-t-on, puisque nous destinons l'artillerie à jouer un si grand rôle dans la défense des places, il faudra donc un nombre considérable de bouches à feu pour les armer. On verra, dans la note O, que nous n'en demandons guère plus que les auteurs de projets d'armement n'en exigent pour les places du système de Cormontaingne.

MOUSQUETERIE.

Nous avons déjà dit, dans le premier article, page 28, en nous appuyant de l'autorité de Cormontaingne, « que de tous les ouvrages qui composent la fortification d'une place, il n'en est point de plus utile ni de plus nécessaire que le chemin couvert. »

Mais combien les chemins couverts ne seront-ils pas plus utiles, lorsqu'ils ne seront plus ricochables, que les fusiliers y seront *partout* plus à couvert, et que ces dehors pourront être soutenus par de bonnes places-d'armes et par des réduits dont l'assiégeant ne pourra pas s'emparer. C'est dans ces dehors que, dans notre système, la mousqueterie devra être appelée à jouer un rôle important; par des palissademens aussi, on pourra la protéger, mais sans étendre les palissades jusqu'aux saillans des bastions, sans faire péniblement dans les places-d'armes saillantes, des tambours en charpente pour tâcher de s'y maintenir, car, d'après la disposition de nos flancs et de nos courtines, ces saillans seront assez bien défendus par des feux de revers et d'enfilade, pour empêcher que l'ennemi puisse entreprendre de vive force le couronnement des chemins couverts; d'ailleurs les places-d'armes saillantes pourraient encore être disposées de manière que les assiégeans *rapprochés* ne pussent guère les insulter pendant la nuit, y pénétrer facilement et les dégrader (1). Ainsi, il n'y aura plus nécessité de faire des communications aussi avancées, comme *ces pas de souris,* dans l'arrondissement des contrescarpes aux saillans des bastions et à ceux des demi-lunes, dans les fronts de Cormontaingne.

Nous éviterons même aux assiégeans la peine de faire des cavaliers de tranchée qu'ils n'entreprendront pas, pour deux raisons : parce qu'ils ne pourraient y résister à nos feux de revers, et parce que ces cavaliers leur seraient d'ailleurs inutiles contre nos chemins couverts. Mais en épargnant à l'ennemi ses cavaliers, nous lui imposerons une autre tâche bien plus rude : celle de construire, en deçà de sa quatrième parallèle, des batteries contre nos flancs encore intacts ainsi que les courtines et à de grandes distances et dans des emplacemens resserrés, où il sera en prise, de divers points, à des feux mieux assurés et plus nombreux qui devront maîtriser son artillerie.

L'ennemi ne pouvant rien, de vive force, contre les chemins couverts, obligé de cheminer en *sape double* et avec d'autant plus de précaution qu'il sera mieux en prise aux feux de revers des flancs, et avec d'autant plus de lenteur encore qu'il aura plus d'obstacles *matériels* à surmonter dans ses remuemens de terre, la mousqueterie des chemins couverts et des places-d'armes contribuera aussi, pour sa part, à retarder les travaux de l'assiégeant. Mais ce qu'il importe aussi de bien

(1) Dans la fig. 3, les palissades n'ont pas été indiquées : commençant, des deux côtés, aux traverses *n*, avec deux barrières, elles envelopperaient, dans ce cas, la grande place-d'armes, etc. On voit que, n'étant point en prise aux enfilades, aux ricochets, elles n'en seraient que plus stables, les fusiliers bien moins exposés, etc., etc.

remarquer, c'est que l'assiégé étant toujours en possession des dehors, à savoir : des grandes places-d'armes et de leurs réduits, lors même que l'assiégeant serait parvenu à établir ses batteries de brèche et à faire ses descentes de fossés, la mousqueterie pourra encore, des dehors, diriger sur les montées des brèches et sur les brèches, à bonne portée, des feux de revers.

OBSTACLES MATÉRIELS. PRÉPARATION DU TERRAIN.

Jusqu'à présent nous n'avons encore insisté que sur l'action puissante qu'exerceraient les feux d'artillerie, sur les dispositions à donner pour cela au corps de place, et sur les avantages que l'on trouverait à combiner les sorties avec les feux verticaux : effets divers qui, avec la mousqueterie, contribueraient déjà considérablement à retarder la marche de l'assiégeant, dès les débouchés de sa quatrième parallèle. Mais il y aurait moyen d'accroître encore beaucoup la résistance, en préparant pour cela le terrain de manière à en rendre l'accès et la possession très difficiles aux assiégeans.

Difficultés à créer contre le couronnement des chemins couverts.

Il faut, de toute nécessité, que l'assiégeant parvienne à établir des batteries de brèche contre les escarpes des bastions pour s'ouvrir des passages sur ces points, les seuls attaquables ; pour atteindre *l'emplacement* de ces batteries et s'en rendre maître, les directions que l'ennemi aura à suivre, seront connues d'avance, car il faudra toujours qu'il entreprenne le couronnement d'une partie au moins des chemins couverts ; mais sur ces directions, n'y aurait-il donc pas moyen de semer d'avance des obstacles, de manière à rendre le travail des tranchées plus long et très pénible, et à faire ainsi en sorte que l'assiégeant fût, le plus long-temps possible, exposé à nos feux directs, et surtout à ceux d'enfilade et de revers des flancs et des courtines, avant d'avoir pu établir ses batteries de brèche et les avoir fait servir à ruiner l'escarpe des bastions ?

Qu'on veuille bien remarquer que, dans notre système, quelles que soient les places, grandes ou petites, à raison des feux de revers presque indestructibles contre lesquels l'assiégeant sera obligé de se garantir, les tranchées de ses couronnemens *devront toujours être faites en sape double et large, qu'il lui faudra encore des traverses rapprochées*, et que ces travaux, déjà bien plus pénibles et plus longs par eux-mêmes, exigeront de grands remuemens de terre.

Comment ! sur une longueur de 100 mètres de chaque côté des saillans, et seulement sur 10 à 12 mètres de largeur, ne pourrait-on pas préparer le terrain à l'avance, en fortifiant, de manière qu'il fût très difficile et même dangereux à fouiller ? Déjà on a proposé, près des saillans, du cailloutage sur lequel les boulets produiraient l'effet de la mitraille ; on a proposé aussi des plantations d'arbres à racines rampantes, et l'on a aussi, mais en vain, fait des essais pour inonder les sapes à l'aide de pompes à eau, etc. Le cailloutage, les plantations peuvent être bons, mais encore faudrait-il les mettre à profit (1) ; mais l'industrie peut fournir encore d'autres moyens plus efficaces : ne pourrait-on pas employer, par exemple, des blocs de maçonnerie *en béton* arasant à-peu-près la surface du sol, espacés, disposés en travers et obliquement de manière à ne pas nuire aux effets des feux de revers des flancs ?

Il y aurait un moyen bien plus efficace encore et d'un emploi facile : nous avons dit que l'assiégeant serait forcé de faire ses tranchées en sape double, de multiplier ses traverses, et de faire par conséquent de grands remuemens de terre : or, si *sans machines au dehors*, *sans efforts*, *sans les moindres dangers à courir*, on pouvait, à l'aide des plus faibles sources d'eau presque toujours disponibles dans les moindres comme dans les plus grandes places, si on parvenait à humecter, à liquéfier, pour ainsi dire, d'avance et

(1) Les contre-mines, sous les glacis, sont bien aussi des obstacles matériels ; mais ces ouvrages sont si coûteux, et leurs effets, paralysés par les globes de compression, ne sont plus assez grands pour qu'ils puissent compenser les grandes dépenses qu'exigent de pareils travaux, sous des terrains dont on cesse de commander la surface, comme cela arrive pour les fortifications actuelles.

toujours à temps, les terres entremêlées de cailloutage que l'assiégeant aurait à remuer, pourrait-il alors parvenir aisément à faire de si grands remuemens de terre, à bien construire ses épaulemens, ses traverses, à les faire assez élevés, assez consistans et solides, sous les feux de revers de la place? (*Voir* la description de la fig. 10 et du moyen que nous proposons.)

Difficultés pour l'établissement des batteries de brèche. — renversement de la contrescarpe, descente de fossé et brèche rendus peu praticables.

Admettons que l'assiégeant soit parvenu à vaincre toutes les difficultés et à couronner en partie les chemins couverts des bastions, et même à lier ses tranchées par une nouvelle parallèle, en deçà des lunettes qu'il aurait prises, parallèle nécessaire et *d'autant plus difficile à faire*, que nos fronts seraient plus étendus, que cette parallèle qui masquerait d'ailleurs ses dernières batteries dirigées contre les flancs, serait déjà enfoncée dans les rentrans, sur un terrain qu'on pourrait même rendre fangeux, et qu'elle serait plus exposée aux feux de la place et se trouverait de plus en face de notre chemin couvert non ricochable, parallèle à la courtine.

Tout cela admis, comment l'assiégeant parviendrait-il à établir *convenablement* ses batteries de brèche, si, par suite de la profondeur du fossé et de sa moindre largeur, il ne pouvait découvrir assez bas l'escarpe? Il faudrait donc qu'il essayât de renverser la contrescarpe, et que, pour cela, il se livrât à de longs travaux de mine sous l'action des feux de la place et sous celle des sorties; mais si, par des dispositions particulières et bien simples, admissibles dans le plus grand nombre des localités, dispositions se rattachant à celles dont nous avons déjà fait mention plus haut (description de la fig. 10), si les cheminemens sous terre étaient alors interdits à l'assiégeant, il ne pourrait donc pas renverser la contrescarpe dans le fossé, il ne pourrait non plus faire ses descentes en galerie souterraine, ici plus longues et déjà plus difficiles à raison de la plus grande hauteur de la contrescarpe; il ne pourrait non plus battre en brèche l'escarpe que très haut, et à plus forte raison, encore, ne faire qu'une brèche trop imparfaite et impraticable, si, d'autre part, l'escarpe maçonnée était moins haute qu'à l'ordinaire et que le parapet, en arrière, eût un talus moins en pente, le parapet lui-même plus épais, plus consistant ne pouvant être rasé.

Influence des feux d'artillerie de la place.

Que l'on remarque bien qu'au milieu de ces obstacles inextricables que nous suscitons à l'assiégeant, nous le tenons enveloppé sous l'action de nos feux d'artillerie croisés des flancs et des courtines, contre lesquels l'artillerie *éloignée* de l'assiégeant n'aurait rien pu, et qui, par leur nombre et leur action puissante, auront dû maîtriser déjà les batteries *plus rapprochées* de l'ennemi, qu'il aurait essayé d'élever contre les flancs; en sorte que la garnison, fût-elle trop faible ou trop peu aguerrie pour faire des sorties, ici, pourtant, avec bien plus de chances de succès, l'assiégeant, dans ce cas encore, n'aurait guère moins de peine à avancer dans ses travaux.

Influence que pourrait avoir le moyen d'empêcher l'ennemi de cheminer sous terre.

Mais que serait-ce donc, si, par le moyen bien simple (fig. 10), on parvenait réellement à empêcher l'assiégeant de cheminer sous terre, de renverser la contrescarpe par la mine et de faire ses descentes de fossé? Alors l'assiégeant parvînt-il même, à l'aide de ses batteries de brèche, à ruiner, tant bien que mal et trop haut l'escarpe, là devrait se trouver le dernier terme de ses efforts; car, comment pourrait-il approcher de l'escarpe à moitié ruinée? Quel travail, s'il lui fallait faire une descente à ciel ouvert! Ne semble-t-il pas que, dans la prévoyance de telles difficultés, il faudrait bien que l'assiégeant renonçât à attaquer les bastions? Et s'il cherchait à se diriger de préférence, au milieu des feux croisés de la place, sur les courtines, il y serait encore plus mal reçu.

Enfin, si des expériences bien faites constataient la réussite du moyen que nous proposons, d'empêcher l'assiégeant de cheminer sous terre, *telle serait pourtant la haute importance de ce moyen, qu'il contribuerait beaucoup à rendre les nouvelles places imprenables, sans qu'on eût même besoin de faire des sorties, de recourir à des actions de vigueur,* et par conséquent, sans défenseurs bien aguerris, sans troupes de ligne, avec des gardes nationaux, mais et surtout avec une artillerie assez nombreuse et bien servie.

Ainsi, l'assiégeant arrivé près des crêtes des chemins couverts et là, sous une grêle de projectiles, comme Tantale, il serait donc condamné au supplice de voir des escarpes qu'il pourrait bien encore ébrécher, mais dont il lui serait impossible de s'emparer !

Enfin, le moyen indiqué, une fois reconnu bon par l'expérience, par des essais convenables et admis en principe, il pourrait même avec avantage être utilisé aussi, en tout ou en partie, dans certains cas, pour des places existantes.

RETRANCHEMENS INTÉRIEURS.

Admettons encore que l'assiégeant soit parvenu à faire, tant bien que mal, une brèche aux escarpes et à pratiquer ses descentes de fossé, comme nous l'avons dit déjà dans le premier article, et nous devons insister sur ce point d'autant plus que, dans notre système, nous ne cessons pas d'être maître des dehors, même après le logement de l'assiégeant sur les brèches des bastions, il faudrait encore :

1° Que sous les bastions, il y eût des contre-mines qui seraient là bien moins coûteuses, parce qu'elles seraient moins développées, et cependant bien préférables à toutes celles qu'on pourrait faire sous les glacis de la place, parce que l'assiégeant ne serait plus ici maître du terrain et n'aurait aussi bien ni le temps, ni les moyens d'employer les globes de compression dans ce cas-ci comme dans l'autre.

2° Qu'il y eut *surtout* et de toute nécessité, à la gorge des bastions, un retranchement avec revêtemens *solides* en maçonnerie, et de manière que ces revêtemens ne pussent pas être attaqués *par la mine*, qu'ainsi l'assiégeant fût forcé :

1° De préparer, de garantir ses passages de fossé par des épaulemens assez épais pour offrir de la résistance contre les obus et les boulets de l'assiégé;

2° De se loger, de faire *son nid de pie* sur le haut des brèches, de s'étendre et de préparer *nécessairement* de nouvelles batteries de brèche contre les retranchemens intérieurs;

3° D'y amener du canon de 24 ou *au moins* de 16, de le faire passer dans ses galeries de descente de fossé trop étroites et de le hisser sur le haut des brèches.

Alors pour que l'assiégeant pût parvenir *même* à établir ses batteries de brèche contre les retranchemens intérieurs, ne faudrait-il pas, dans de pareilles circonstances, que lui et son matériel eussent des ailes ou bien que les assiégés fussent frappés de terreur panique ou de léthargie?

RETOURS OFFENSIFS.

Au milieu de tant de difficultés suscitées à l'assiégeant, dans ses dernières sapes, dans la construction de ses batteries de brèche, dans ses descentes et passages de fossés, aux montées et sur le haut des brèches; dans tous ces défilés étroits, sans aucun appui, l'ennemi étant de toutes parts en butte à nos coups: 1° dans ses sapes, exposé à nos feux de revers et à nos feux verticaux; 2° dans les fossés, exposé aux feux d'artillerie des *flancs de courtine*, qui bouleverseraient ses épaulemens; 3° à la montée et sur le *haut des brèches*, sur ce terrain volcanisé dont il ne serait pas maître, où, à notre gré, il serait emporté, l'assiégeant serait de plus exposé *et* aux feux de revers partant des principaux flancs, des places-d'armes et de leurs réduits *et* aux feux directs des retranchemens intérieurs (1).

Alors, pour peu que la garnison eût encore de l'énergie et qu'elle eût la conscience de sa supériorité, que ne pourrait-elle pas, par des actions de vigueur dirigées *et* des retranchemens intérieurs contre les logemens sur les brèches, *et* dans

(1) Les casemates elles-mêmes pourraient être un obstacle de plus. (*Voir* la description de la fig. 8.)

les fossés *et surtout* des dehors qu'elle posséderait toujours, en partant des places-d'armes dont l'assiégeant n'aurait pas pu s'emparer? Quels résultats n'obtiendrait-elle pas de ces sorties *combinées* des dehors et des fossés pour bouleverser les épaulemens, les batteries, les petits magasins, pour briser les affûts, enclouer les pièces, pour détruire ainsi les travaux de l'ennemi que les feux horizontaux et verticaux de la place auraient forcé de se tenir et maintiendraient en masse dans l'éloignement.

Dans ces actions de vigueur, dans ces retours offensifs, les défenseurs pourraient avoir à-la-fois les deux grands avantages : 1° du nombre sur des ennemis éparpillés, aventurés, sans appuis dans ces défilés si éloignés de leurs places-d'armes; 2° de l'influence morale que les assiégés ressaisiraient en prenant l'offensive.

Mais, encore une fois, il faudrait aussi que, jusque-là, de trop grandes fatigues, des privations et l'idée surtout qu'il faudra se rendre, ne contribuassent pas, au contraire, à affaiblir ce moral si précieux et à faire perdre aux défenseurs le courage, l'énergie *au moment même* où sans grands périls, ni grandes pertes, ils tiendraient le sort de la place dans leurs mains.

Il faut bien voir que si, dans la défense *éloignée*, l'assiégeant a tous les avantages *et* du nombre *et* de la proximité de ses dépôts de tranchée *et* de la valeur de ses grandes places-d'armes, sa position doit devenir de plus en plus critique et la défense prendre tous ses avantages, à mesure que, dès la troisième parallèle, elle est de plus en plus rapprochée, quelque nombreuse d'ailleurs que puisse être l'armée assiégeante.

Ainsi, en admettant même ce que nous contestons, que l'assiégeant pût parvenir à faire à nos bastions des brèches bien praticables et qu'il pût aussi faire ses descentes de fossés, qu'il n'ait pas été rebuté déjà par les grands retards et par les pertes qu'il aurait éprouvées, depuis qu'il aurait débouché de sa troisième parallèle jusqu'au moment où il chercherait à établir des batteries sur les brèches des bastions contre les retranchemens intérieurs, et qu'il aurait été obligé d'étendre, d'effiler pour ainsi dire ses travaux de plus en plus aventurés, sans aucun soutien, sans pouvoir se présenter en force dans tant de passages étroits, etc. : À CE TERME l'assiégeant devrait enfin échouer, pour peu que la garnison eût le sentiment de sa supériorité et qu'elle eût conservé un peu d'énergie.

L'ennemi chassé de ses logemens sur les brèches et des fossés et forcé d'abandonner en grande partie les couronnemens des chemins couverts, et ses ouvrages ruinés, voudrait-il revenir à la charge? Alors quelle différence : 1° sous le rapport de la puissance morale ; 2° sous le rapport des moyens matériels détruits qu'il faudrait bien que l'assiégeant rétablît et toujours sous la même action puissante des feux d'artillerie de la place et des retours offensifs toujours d'autant plus faciles que nous n'aurions pas cessé d'êtres maîtres des dehors, que nos communications seraient toujours bien maintenues et que nos troupes pourraient être tenues rassemblées, dans ces dehors, sous de bons abris.

L'assiégeant ayant échoué une première fois, ce serait de plus une raison pour qu'il échouât une seconde fois, et à coup sûr il n'y reviendrait pas une troisième fois : LA PLACE NE CAPITULERAIT DONC PAS !! Et ce grand résultat n'est point ici la conséquence de fictions, de prémisses imaginaires, mais bien la conséquence de données qui nous semblent positives, incontestables, données cependant insuffisantes encore pour assurer, *dans tous les cas*, le salut d'une place assiégée.

FRONTS HORS DES ATTAQUES DÉCIDÉES ; GARANTIES NÉCESSAIRES POUR LEUR SURETÉ.

L'ennemi ne se décidera à entreprendre tous les travaux longs, pénibles et chanceux d'un siége, qu'autant qu'il reconnaîtra et sera bien convaincu qu'il ne lui serait pas possible de s'emparer de la place par surprise, par des attaques de vive force. Il faut donc, avant tout, que les ouvrages de la place répondent à ces besoins de la défense, par un simple armement de sûreté et par des postes qui puissent repousser facilement et faire avorter de pareilles tentatives ; puis, dès que l'ouverture de la tranchée aura fait connaître à l'assiégé les fronts d'attaque, il faut que les autres fronts hors de ces attaques, étant pourvus de leur armement de sûreté et gardés convenablement, ne laissent, non plus, sur ces points, aux défenseurs, la moindre inquiétude.

Or, ici les revêtemens du corps de place étant assez élevés pour garantir contre les escalades, on voit, dans nos dessins, fig. 2, 3 et 4, qu'il n'y a de communication du corps de place avec les dehors, qu'au fond de grands rentrans défendus suffisamment par les réduits A, A, B, à faire occuper par des postes de la garnison.

La défense des saillans des chemins couverts étant largement assurée contre les attaques en règle, par les feux de revers des flancs, il n'y aurait plus de raison, dans notre système, de faire des communications *en pas de souris* aux arrondissemens des contrescarpes des saillans, pour la défense de tambours de charpente, qui ne seraient plus ici nécessaires, puisqu'on peut compter que l'assiégeant ne pourra ni établir des cavaliers de tranchée, ni couronner de vive force les chemins couverts, qu'il sera forcé de s'en approcher et d'y cheminer avec précaution et lentement en sape double. Nous n'aurons donc de communications qu'au fond des rentrans, et nous aurions même pu nous borner à n'en faire qu'*une seule* sur chaque front; mais pour la facilité du service, nous avons préféré deux larges rampes, et pour plus de sûreté elles auraient une coupure assez large avec pont en bois, mobile, facile à manœuvrer, placé à une hauteur assez grande, pour que, des réduits B, fig. 2 et 3, on puisse bien défendre ces coupures et leurs abords dans les places-d'armes (1). Dans la fig. 4, les coupures devraient être faites dans le haut, pour être défendues par les réduits A, A ; mais à l'aide de galeries crénelées de droite et de gauche de la poterne, ici on pourrait encore mieux défendre ces coupures, si on les faisait assez bas pour qu'elles fussent défilées ou mieux couvertes.

(1) Dans la coupe, fig. 7, la plongée du parapet du réduit B, mal rendue, devrait aboutir au haut de la contrescarpe, et elle serait plus inclinée encore en face des rampes, jusqu'à leurs coupures qui ne sont pas figurées dans les dessins.

Ainsi, avec des postes suffisans dans les réduits A, A, B, on pourvoirait facilement à la sûreté de la place et suivant la force de la garnison, suivant son espèce, on pourrait même avoir des postes au dehors, dans les places-d'armes dont les galeries crénelées serviraient de réduits, et même dans les lunettes, s'il y avait des traverses voûtées, avancés que l'assiégeant n'aurait pas d'ailleurs grand avantage à venir insulter. Il est bien entendu que, dans ces dehors, le service serait confié à des soldats, tandis que, dans les réduits A, A, B, les postes pourraient être confiés à des vétérans, aux gardes nationaux.

En hommes non aguerris, peu exercés, les garnisons pourront toujours être nombreuses, car les bataillons *de volontaires* tirés de la garde nationale ne manqueront pas; mais il faut, de plus, des soldats sur les fronts d'attaque, pour les actions de vigueur et sur les autres fronts, pour pouvoir bien compter sur la garde, sur la sûreté de ces fronts.

Dans tous les cas, en comptant que les troupes de ligne entrent pour 1/5 ou 1/4, ou même 1/3 dans le chiffre des garnisons (proportionnellement plus pour les petites places), ces troupes suffiraient largement, dans notre système, pour les actions de vigueur sur les fronts d'attaque, et *pour la part* qui leur serait assignée dans la garde des autres fronts.

Quant à l'armement de sûreté, au nombre de bouches à feu nécessaires et à leurs emplacemens, six pièces ou au plus huit, seront plus que suffisantes sur chaque front ; à savoir : les six sur la courtine et de ces six, *deux* sur *chacun* des deux flancs de courtine, ayant vue et dans les fossés et sur les chemins couverts des bastions, et les *deux* dernières *sur le milieu* de la courtine, soit pour venir en aide à celle des flancs, soit pour battre à mitraille le terrain en avant; enfin on pourrait sur chaque face de bastion avoir une pièce pour flanquer les lunettes (fig. 2 et 3).

On remarquera, sans doute, que nous ne plaçons pas de pièces aux saillans des bastions; si nous ne le faisons pas, c'est que le grand commandement de nos courtines brisées, d'une part, et de l'autre, les angles aigus des bastions, permettraient de battre des flancs, au loin, même les approches des bastions *sur les capitales* où 4 pièces au moins croiseraient à-la-fois leurs feux et balaieraient ces approches.

Nous avons compté 6, 8 pièces, nous pourrions les réduire même à 3 ou 4, à cause de la facilité de les transporter d'un côté ou de l'autre sur la courtine ; et en somme, avec 6 pièces par front, l'armement de sûreté de nos places n'exigerait pas plus de bouches à feu qu'il n'en faut pour les fronts de Cormontaingne gardés de la même manière.

MUNITIONS, SUBSISTANCES, APPROVISIONNEMENS DIVERS, ÉLOIGNEMENT DES HABITATIONS.

Il ne suffira pas que les défenseurs et le matériel aient des abris, que de très grands obstacles séparent les assiégés des assiégeans et que les ouvrages de la place soient disposés de manière à bien faire valoir ces obstacles par des feux d'artillerie, de mousqueterie et par des actions de vigueur, et qu'on soit en garde partout contre les surprises : il faut encore qu'une place soit abondamment pourvue de munitions, de subsistances; il faut qu'elle n'ait pas plus à craindre les effets d'un long investissement, ni ceux d'un bombardement, que ceux d'un siége.

D'une part, contre les chances d'un simple investissement et même pour les besoins des armées, suivant la destination des places, il faut tous les approvisionnemens divers nécessaires, et il faut que toutes ces choses aient leurs magasins et qu'ils soient en lieux de sûreté.

D'autre part, pour prévenir les effets funestes ou au moins ruineux d'un bombardement et *pour que la défense elle-même pût bien avoir toute son efficacité,* il faudrait encore que les habitations fussent assez éloignées des retranchemens, afin que les villes, les grands dépôts, les centres industriels à fortifier préférablement et d'une manière large, n'eussent pas à souffrir des effets des projectiles incendiaires et qu'ainsi des enceintes *assez vastes* rendissent même l'investissement plus difficile et obligeassent l'ennemi à être beaucoup plus nombreux pour tenter un siége (1).

(1) Ce qui contribuerait encore à donner en France plus d'importance à de vastes enceintes, en général préférables à tout autre système de fortifica-

Tel est l'état précaire des places actuelles, que, dans la prévision de la défense limitée qu'elles peuvent faire, on fixe en conséquence leurs munitions, approvisionnemens divers pour leurs garnisons, et que pendant un siége, on économise *d'abord* sur toutes choses (excepté sur le travail et les fatigues des hommes); on diminue les charges de poudre, on compte les coups de canon, on les réduit même à quatre au plus par pièce de service et par heure, puis *à la fin* on prodigue toutes choses, *bien moins pour accroître la résistance, que pour ne pas laisser ces ressources à l'ennemi !*

Une telle parcimonie ne doit-elle pas aggraver encore le mal et au milieu de tant de raisons déjà exposées, n'en est-ce pas une de plus qui contribue à l'affaiblissement de la résistance?

Mais, si, en disposant beaucoup mieux les fortifications pour tous les besoins de la défense, si, en tirant un parti bien plus avantageux des puissans effets de l'artillerie, on parvenait ainsi à rétablir l'équilibre entre la défense et l'attaque, et même à ne faire plus dépendre le salut des places assiégées que des bonnes dispositions des défenseurs, de leur ferme volonté de résister, avec la conviction bien fondée que leurs efforts seront couronnés par des succès glorieux et décisifs, alors aurait-on tant à craindre de faire pour les places, tous les approvisionnemens nécessaires? Les places considérées comme grands magasins des armées, aurait-on tant à craindre de remplir ces magasins? Pendant les siéges, aurait-on tant à ménager les munitions et les vivres, à en disposer d'abord avec tant de parcimonie au détriment de la défense elle-même? Enfin, l'abondance de ces moyens *indispensables* employés plus largement, sans prodigalité, ne serait-elle pas une raison de plus

tion, c'est que les gardes nationales doivent plus particulièrement être employées à la défense des places et que d'autre part n'étant pas assez militarisées, exercées, etc., il y aurait avantage à les répartir alors hors des habitations dans des camps près des retranchemens à défendre. Les hommes *même* les plus aguerris, les soldats d'Iéna, d'Austerlitz, auraient-ils eu la même ardeur, eussent-ils été capables de si grands efforts, de tant de dévoûment, s'ils avaient passé au sein de leurs familles les jours qui précédèrent ces grandes journées?

de pouvoir compter sur une défense plus efficace et décisive pour le salut d'une place assiégée?

RÉSUMÉ.

Après avoir essayé d'apprécier la valeur des fronts de Cormontaingne et en avoir montré les défauts, nous avons exposé nos idées sur les modifications importantes que réclame, dans son essence même, le système actuel des fronts bastionnés, pour rendre à la défense les avantages que les progrès de l'attaque dus au génie de Vauban, lui ont fait perdre; nous avons recherché les moyens les plus simples, exigeant le moins de troupes réglées et pourtant les plus sûrs qui puissent contribuer à accroître la résistance des places, et nous avons vu que par le concours ou l'emploi successif des moyens que nous proposons, les efforts des assiégés pourraient aboutir plus qu'à une capitulation honorable, à la levée du siége.

Pour obtenir ce résultat décisif, en rapportant tous les travaux de la défense à deux grandes périodes, nous avons établi :

1° Que, *dans la 1re période*, on ne pourrait avec quelque certitude gagner plus de temps, retarder davantage l'assiégeant et *peut-être* le rebuter, que par des ouvrages avancés se soutenant les uns et les autres, qui envahiraient d'immenses terrains, qui exigeraient des garnisons nombreuses et aguerries, indispensables encore pour des sorties grandes et vigoureuses, garnisons nombreuses ici nécessaires et qui épuiseraient les armées! nous en avons déduit qu'il convient plutôt de se borner à forcer l'assiégeant de faire, comme par le passé, toutes ses grandes places-d'armes et de cheminer aussi lentement jusqu'aux pieds des glacis;

2° Que, *dans la 2e période*, les efforts de la défense pourraient devenir de plus en plus puissans, et d'autant plus décisifs que l'assiégeant peut moins ici se rendre maître du terrain, ni profiter de sa grande supériorité numérique et de ses ressources en matériel, sans les exposer davantage, tandis que l'assiégé, protégé par de bons abris, pourrait alors faire valoir des obstacles matériels presque insurmontables, et par

6.

des dispositions plus convenables de la fortification, tirer un très grand parti des effets puissans de l'artillerie, par des batteries prenant des enfilades et des revers, batteries jusque-là intactes et difficiles à contre-battre, etc., etc., au point de ressaisir alors la supériorité, sans la coopération de troupes réglées aussi nombreuses appelées à jouer en rase campagne, et toujours en présence de l'ennemi, un rôle plus actif et par conséquent plus important que dans des places exposées seulement à être assiégées.

Ainsi, c'est pour la défense rapprochée que nous avons tâché de réunir de solides moyens de résistance et à les avoir assez puissans, pour que le sort des places assiégées puisse, en quelque sorte, ne plus dépendre que de la ferme volonté de les défendre.

Nous avons admis :

1° Que par des casemates *pour l'artillerie*, par des galeries crénelées, par des traverses voûtées et par des blindages inclinés *pour les troupes*, les défenseurs et le matériel ainsi abrités contre les ricochets et contre les feux verticaux, et par conséquent plus ménagés, seraient capables : les hommes de faire de plus grands efforts, et le matériel de rendre de bien meilleurs services;

2° Que par les dispositions plus convenables à donner aux fortifications, l'artillerie serait appelée à jouer un rôle bien autrement important dans la défense rapprochée, par les développemens qu'elle pourrait prendre sur des remparts beaucoup plus étendus qui seraient spécialement affectés à son service; qu'alors son influence pourrait être telle que, ne pouvant être contre-battue que très difficilement, elle parviendrait d'abord à maîtriser toujours par des feux jusque-là intacts, plus nombreux et indestructibles, les *nouvelles* batteries que l'assiégeant serait forcé d'établir, et à de grandes distances encore, dans des espaces resserrés, en deçà de sa troisième ou quatrième parallèle, *puis* à s'opposer avec avantage, par des feux de revers, au couronnement des chemins couverts, à l'établissement des batteries *de brèche* et *contre-batteries* de l'ennemi ;

3° Que l'assiégeant aurait, en outre, de très grands obstacles *matériels* à surmonter pour couronner les chemins couverts, pour établir *convenablement* ses batteries de brèche, pour faire ses descentes de fossés et s'ouvrir des passages jusque sur les remparts de nos bastions.

4° Que nos places-d'armes, au-dehors, au fond de grands rentrans inaccessibles à l'assiégeant, assureraient toujours nos communications et faciliteraient nos retours offensifs, au-dehors, contre les sapes rapprochées, contre les tranchées, *même après l'occupation des brèches faites aux bastions.*

5° Que les bastions seraient *contre-minés* et pourvus surtout à leur gorge de retranchemens *solides* ne pouvant être attaqués *par la mine* et exigeant du *gros* canon pour pouvoir être battus en brèche ; qu'enfin, dans ses logemens sur les brèches, l'ennemi ne serait pas seulement battu de front par l'artillerie des retranchemens intérieurs, mais pris encore de revers par les feux d'artillerie des flancs et par ceux de mousqueterie des places-d'armes et de leurs réduits.

6° Que nos places beaucoup plus fortes, capables alors d'une résistance incomparablement plus efficace, pouvant être abondamment pourvues de munitions, de subsistances, au lieu de ménager avec tant de parcimonie les approvisionnemens, il y aurait, au contraire, à les faire servir, sans prodigalité, à soutenir, même de nuit, la défense avec plus de vivacité.

7° Qu'enfin la garnison ménagée, protégée par de bons abris, bien pourvue de vivres, loin d'être épuisée, démoralisée dans la dernière période de la défense, aurait au contraire conservé sa vigueur physique et sa force morale, qu'elle aurait confiance en elle-même et dans tous ses moyens matériels et par conséquent la conscience de ce qu'elle pourrait faire pour forcer l'ennemi à reculer enfin et à lever le siége, à l'aspect des grands périls auxquels il serait exposé, et de ceux plus grands encore qu'il courrait à poursuivre son entreprise ; qu'ainsi l'intimidation, qui peut agir si puissamment sur les individus, ne pouvant plus avoir prise sur les assiégés, *comme dans l'état actuel des choses,* elle réagirait au contraire, dans la défense rapprochée, par les plus puissans motifs, sur les assiégeans.

CONCLUSION.

Si les données que nous venons de résumer, ne peuvent pas être contestées, comme nous nous croyons fondé à le croire, si ces données sont réellement indispensables pour qu'une place puisse bien se défendre, et qu'on puisse la considérer comme remplissant les conditions pour être inexpugnable, les fortifications en usage et les places qu'elles donnent, *ne remplissant aucune de ces conditions*, il n'y a donc rien à conclure, *d'après l'expérience*, de ce que la défense rapprochée est, maintenant, à ce qu'elle pourrait et devrait être pour la durée ou plutôt pour le résultat décisif des siéges, ni au sujet de ces journaux fictifs qu'on a coutume de faire à l'avance, et que nous considérons, ici, comme tout-à-fait inadmissibles pour fixer la marche, les progrès de l'attaque, le terme et le résultat de la défense rapprochée de places fortes qui seraient construites suivant notre système.

EXPLICATION DES FIGURES.

Nous n'avons pas la prétention de présenter des tracés définitifs, même pour un terrain horizontal; nous avons tâché, par des figures, de mettre le lecteur à portée de mieux apprécier les bases sur lesquelles devraient, suivant nous, reposer les tracés des fronts bastionnés de la fortification *permanente*. Nos figures manquent même de fini, de correction; nous serions trop heureux que ce fût là le principal défaut qu'on puisse leur reprocher.

Pour bien juger de la valeur des nouveautés, il faut les comparer avec ce qui, dans l'espèce, est admis, car dans les arts comme dans les sociétés, les choses comme les hommes, n'ont qu'une valeur relative; ainsi nous avons dû mettre en regard de nos tracés celui du front de Cormontaingne, afin que le lecteur ait sous les yeux un terme de comparaison nécessaire.

FIGURE 1re. — *Front de Cormontaingne.*

Est le même depuis l'octogone jusqu'à la ligne droite; on y voit quel faible appui les demi-lunes reçoivent des faces des bastions, comment les feux des flancs se croisent, en pure perte, au-dessus du fossé, en face de la courtine, et leur impuissance contre les batteries *de brèche* aux bastions, dès que ces batteries sont construites, batteries auxquelles l'assiégé ne peut plus opposer que des feux verticaux impuissans, les demi-lunes et leurs réduits étant occupés par l'ennemi, l'assiégé étant alors chassé des dehors et refoulé dans le corps de place, etc., etc.

FIGURES 2e, 3e et 4e. — *Nouveaux fronts.*

Correspondent à 10, 20 côtés et à la ligne droite; — étendue de ces fronts, 500 mètres. — Angle flanqué des bastions, le même pour tous, le plus petit possible et cependant bien admissible en pratique, ici de 70° — expression des *moindres* revers pris par les principaux flancs sur le couronnement des chemins couverts, représentée par *h e*, expression qui est négative dans la *fig.* 1re, et qui croît avec le nombre des côtés dans notre système, de manière que pour la ligne droite, l'assiégeant serait en quelque sorte pris à dos et que dans tous les cas même pour des hexagones, il ne pourrait couronner les chemins couverts, qu'en cheminant en sape double et en tâchant de plus de se garantir, autant que possible, par des traverses plus rapprochées. — Les fossés des bastions défendus, près des saillans, par les flancs de courtine et dans les rentrans, par des galeries crénelées adossées aux contrescarpes et entièrement à l'abri des feux de l'ennemi, empêchant qu'après ses descentes de fossé et logemens sur les brèches, l'assiégeant puisse pénétrer dans les fossés des courtines que ces galeries protégent, comme elles serviraient aussi à favoriser les retours offensifs dans les fossés; les galeries, près des flancs, avec petit fossé revêtu et mur crénelé. — A, A, B, servant de réduits à affecter spécialement à la mousqueterie pour la garde des approches et de la grande place-d'armes au fond du rentrant; place-d'armes pourvue d'une longue galerie voûtée pour abriter les rassemblemens, les hommes de bivouac : à cet effet, pente vers la galerie et rampe conduisant dans les dehors et sur la banquette du chemin couvert; à chaque extrémité de ladite galerie, il faudrait aussi une rampe (non figurée); la large rampe du milieu à tenir plus douce pour les avenues de la place et galerie à enfoncer davantage, si c'est nécessaire. La place-d'armes couverte, à ses extrémités, par deux grandes traverses défendues par les réduits et prenant comme ceux-ci des revers sur les brèches. — Communications de la place-d'armes avec les fossés de la courtine par deux larges rampes coupées à hauteur convenable (pour éviter les surprises sur les fronts hors d'attaque), avec ponts en bois, mobiles et faciles à manœuvrer (non figurés). — *mnopq*, chemin couvert non ricochable et palissadé dans les *fig.* 2 et 4; de *n* et *q* jusqu'aux saillans, les chemins couverts en crémaillère avec crochets de 7,50 *sans palissades*, suffisamment battus par les flancs des bastions; chemins couverts intérieurs, défilés, etc. — Lunettes sans chemin couvert dans les *fig.* 2 et 3; dans les prolongemens de leur gorge et en retour, parapets dont la crête ne dépasserait pas le niveau du sol: à cet effet, dans la *fig.* 2, petit boyau étroit avec parois revêtues, à faire (non figuré); communications de ces lunettes avec le corps de place, mieux assurées, d'une part, par des caponnières avec maçonneries, d'autre part par des prolongemens de fossés plus étroits, moins profonds, avec revêtemens (1); les portions de parapets adossées à ces petits fossés, en les élevant davantage et les prolongeant même un peu plus, pourraient, sans gêner beaucoup, servir à masquer les flancs principaux aux batteries contre ces flancs, que l'assiégeant aurait à construire en avant de sa quatrième parallèle, après s'être emparé des lunettes. — *Fig.* 2, les grandes traverses *rs* des fossés pourraient être assez élevées pour que la caponnière conduisant au réduit B fût inutile. — *Fig.* 4, sans lunette, préparation d'emplacemens aux pieds des glacis pour batteries mobiles propres à la défense éloignée; pour de plus stables en *oo*; en *i* emplacemens des casemates pour les volans (*Voir* la note M); les fossés des réduits A, A, étant moins profonds que ceux du corps de place, il y aurait à les faire communiquer avec les grandes rampes, etc., etc.

Voir galeries crénelées, page 61, tracés déduits, page 66, et description de la fig. 10.

FIGURES 5 et 6. — Voir *profil*, page 33.

Dans la figure 6, le haut de l'escarpe ponctué, relevé graduellement vers le saillant pour augmenter l'espace intérieur des bastions au saillant.

(1) Nous traiterons plus particulièrement, dans notre 2e Mémoire, des divers emplois à faire, dans les dehors, de la terre, de la maçonnerie et de l'eau pour augmenter les obstacles matériels.

FIGURE 7. — *Coupe faite suivant a b de la fig. 3.*

Nous avons indiqué dans le réduit, en B, un abri pour les hommes chargés de *la garde* de ce réduit de place-d'armes ; la plongée du parapet devrait être figurée plus inclinée, notamment en face des rampes de communications que le réduit doit défendre jusqu'à la coupure à faire dans le haut de ces rampes; la largeur du terre-plein du rempart de la courtine, devrait aussi être moins grande qu'on ne l'a figurée.

On voit comment dans la place-d'armes serait disposée la grande galerie G devant servir d'abri pour les rassemblemens : suivant la coupe, il a fallu figurer en plein la rampe qui conduit dans les dehors, et des deux côtés, sur la banquette du chemin couvert ; le terrain en pente vers la galerie, n'a pu être que ponctué ; les créneaux de la galerie seraient assez inclinés pour que les balles partant du réduit B, ne pussent pas pénétrer dans l'intérieur. (*Voir* la description de la fig. 11.)

On voit aussi quel est le commandement obligé de la courtine sur les dehors et celui du réduit sur le chemin couvert, du chemin couvert sur la lunette ; la ligne de feu *c d* indique aussi que le réduit B ne gênerait point les feux des flancs plus éloignés et ayant le même commandement ; pour la caponnière, depuis la traverse, la coupe du terrain devrait être figurée plus bas et la crête moins haute près de la lunette, etc., etc.

Les lunettes, sans chemin couvert, auraient près des saillans, leur glacis surhaussé avec pente plus prononcée et prolongée en contre-bas du niveau du sol, de manière à pouvoir loger dans ces emplacemens avancés, des fusiliers et de l'artillerie de campagne *à barbette*, pour la défense éloignée.

A raison des hauteurs relatives des escarpes et contrescarpes, la brèche serait aussi plus difficile à faire aux lunettes, etc., etc.

FIGURE 8. — *Plan et coupes des casemates.*

La largeur des casemates dans œuvre, ici de 4 mètres, pourrait être réduite à 3,50 pour le même champ de tir (*voir* casemates, page 59 et la note L qui s'y rapporte); les lambourdes qui servent à masquer la maçonnerie des faces, seraient liées entre elles par des clamaux ; le mur de face pourrait être plus épais comme il est ponctué ; la contre-pente aussi ponctuée, en masquant le créneau, ne servirait pas moins pour le tir à ricochet et pour celui des obusiers ; au lieu de 3 rangées de lambourdes, on pourrait en mettre 4 et même 5 dans les positions les plus exposées et qui seraient plus particulièrement affectées aux bouches à feu les plus longues ; le petit mur servant de genouillère, *plus épais*, serait un obstacle de plus à vaincre par l'assiégeant, qui, pour pénétrer, aurait non-seulement à faire une brèche praticable à l'escarpe, mais encore à ruiner le mur de face des casemates, qu'il ne conviendrait pas de faire sauter au dernier moment, car en supposant que l'assiégeant parvînt à s'y loger au milieu des décombres, par des sorties vigoureuses faites *à-la-fois* dans les fossés et dans les dehors, après une grêle de projectiles lancés, les logemens sur les brèches et les hommes qui s'y trouveraient, pourraient être à la discrétion des assiégés, etc.

FIGURE 9. — *Chemins couverts en crémaillère.*

Au lieu de disposer les *chemins couverts* parallèlement aux contrescarpes, *près des saillans* et sur une étendue de 120 mètres environ, en leur donnant la forme de crémaillère, on pourrait ainsi, de distance en distance, ménager de petites places-d'armes assez couvertes, à l'abri des ricochets, où les feux de mousqueterie et ceux des fusils de rempart pourraient avoir plus d'efficacité sur diverses directions et même sur les capitales ; les crochets ayant plus de 7 mètres de longueur, des postes de 10 à 14 hommes seraient bien moins exposés dans ces petites places-d'armes, le chargement des fusils pourrait même se faire sur le terre-plein. — Nous reviendrons sur les chemins couverts dans notre deuxième Mémoire où nous pourrons en faire une étude spéciale et plus complète et offrir à ce sujet des modifications appropriées à diverses circonstances.

FIGURE 10. — *Emploi de l'eau comme moyen de retarder le couronnement des chemins couverts et d'empêcher l'assiégeant de cheminer sous terre.*

Aux obstacles *matériels* dont nous avons déjà fait mention page 71, il s'agit ici d'ajouter un obstacle de plus et à double fin en parvenant à imbiber d'eau les terres du glacis sur une certaine largeur :

1° Pour rendre les terres plus difficiles à manier, leur ôter la consistance et empêcher que l'assiégeant puisse en faire des épaulemens assez élevés, assez solides ;

2° Pour empêcher aussi que l'assiégeant puisse cheminer sous terre, renverser nos contrescarpes plus élevées, à l'aide de fourneaux de mine ou faire en galerie souterraine ses descentes de fossés.

Mais fixons d'abord, *au plus bas,* les données de cette *double* question à laquelle d'autres non moins importantes se rattachent encore :

1re DONNÉE ; en faisant abstraction du temps qu'il faudra à l'assiégeant pour investir la place, il ne parviendra à *déboucher* de sa troisième parallèle, que dans la 10e ou 11e nuit, depuis l'ouverture de la tranchée, et dès-lors il lui faudra encore bien du temps pour s'emparer des lunettes et pour s'approcher ensuite des chemins couverts des bastions et pour en *entreprendre* le couronnement. Cet aperçu nous suffit ici pour pouvoir en toute assurance avancer que, dans tous les cas les plus défavorables, et lors même qu'il n'y aurait pas de lunettes à prendre, l'assiégé peut compter avoir *plus de* 10 *jours* devant lui, dès *l'ouverture de la tranchée*, pour faire ses préparatifs et tout disposer pour la défense rapprochée des fronts attaqués, avant que l'ennemi puisse sérieusement menacer les chemins couverts.

2e DONNÉE ; il n'y a pas de place, à moins qu'elle ne soit sur des rochers, qui ne puisse disposer des eaux du plus petit ruisseau ; de si faibles quantités d'eau ne sauraient sans doute suffire pour remplir les fossés de la place ou des avant-fossés sur les glacis et encore moins pour y établir des courans ou pour faire des inondations ; cependant il nous est permis d'admettre que de la plus faible source et même d'un ou de plusieurs puits, on puisse tirer, *sans cesse*, au moins 3 litres d'eau par seconde; ainsi en dix jours on disposerait donc de 2,592 mètres cubes d'eau.

3e DONNÉE; la force motrice nécessaire pour élever en 10 jours de 24 heures à 20 mètres de hauteur, par exemple, ces 2,600 mètres cubes ou les 3 litres par seconde, ne serait que de $3 \times 20 = 60$ kil. élevés à 1 mètre; elle serait donc *dans ce cas* moindre que celle d'un *seul* cheval vapeur, qu'on estime à 75 kil. élevés à 1 mètre de hauteur; ainsi à défaut d'autre moteur, quelques hommes relayés, à courts intervalles, suffiraient même ici pour ce travail.

4e DONNÉE; cette eau élevée de la source immédiatement et à proximité dans un petit réservoir, à 20 mètres de hauteur, *dans l'intérieur de la place et à couvert,* pourrait, puis, sans *autre effort et sans danger aucun*, à l'aide de tuyaux en fonte sous le sol, être conduite à mesure et déversée partout où l'on voudrait, à des hauteurs cependant un peu au dessous du niveau du réservoir, ici à un peu moins de 20 mètres, suivant les diamètres des tuyaux, et suivant les distances qu'on ferait parcourir à l'eau; elle pourrait donc, dès le premier jour et dès les premières heures, arriver à des hauteurs de 18 à 19 mètres, sous les glacis de la place.

Ainsi, à l'aide des dispositions prises à l'avance, en temps de paix et au moyen d'un réseau de tuyaux partant d'un réservoir à l'intérieur, on pourrait conduire l'eau sur les fronts de la place *qu'on jugerait les plus exposés à être attaqués*, et pour ces fronts, vers le milieu de leurs courtines où les conduits se bifurqueraient dans les fossés pour suivre les directions des chemins couverts de chaque bastion, comme nous l'avons indiqué dans la fig. 3, en sorte qu'en cas de siége, dès que l'ouverture de la tranchée aurait fixé l'assiégé sur le front d'attaque, il pourrait sans embarras, sans les moindres dangers, faire arriver sur ce front, toute l'eau qui serait disponible (1).

(1) On pourra objecter qu'il y aurait une dépense très grande à faire en achat et en pose de tuyaux si, pour tout le pourtour d'une place, on n'avait

5ᵉ DONNÉE ; il est bien entendu qu'il ne s'agirait pas de parvenir à répandre également l'eau sous toute la surface des glacis, mais sur les directions seulement que devra suivre l'assiégeant pour couronner les chemins couverts et pour établir ses batteries de brèche, par conséquent sur des longueurs et largeurs restreintes : sur 100 mètres au plus de longueur à partir des saillans, et sur 10 à 12 mètres de largeur seulement.

6ᵉ DONNÉE ; l'action de l'eau ne sera pas également propice pour détremper toutes les espèces de terre : l'argile et le sable purs, par leurs propriétés diamétralement opposées, doivent ici faire exception, comme ils font exception aussi dans la composition du sol. Pour imbiber *convenablement* les terres ordinaires, végétales, marneuses, de manière qu'elles deviennent coulantes, il faut en eau de 1/4 à 1/7 de leur volume, suivant leur espèce et leur degré d'humidité dans le sol : de ce simple aperçu, il résulterait donc que pour abreuver sur 1 mètre de profondeur, sur 100 mètres de longueur et 10 mètres de largeur, ces terres présentant un volume de 1,000 mètres cubes, il faudrait *environ* 200 mètres cubes d'eau, et en comptant la besogne à faire à-la-fois autour des saillans de *deux* bastions, ce serait donc 200×4=800 mètres cubes d'eau; y eût-il ici une part très-large à faire encore pour les infiltrations inévitables de l'eau dans les terres au-dessous de 1 mètre de profondeur, en les estimant à 1/2, ou bien à 1,200 mètres cubes la consommation *totale* d'eau pour bien abreuver les terres que l'assiégeant devra fouiller au

qu'une seule source et un réseau de conduits devant desservir tous les fronts. Supposant ici d'abord que la quantité d'eau disponible est très petite, nous avons admis qu'il y aurait à pourvoir surtout les fronts les plus menacés, — mais moins gêné par l'abondance de l'eau et de la force motrice nécessaire pour l'élever, alors pour appliquer, si on le voulait, le moyen à d'autres fronts opposés, plus près de ces fronts dans l'intérieur, on adopterait les dispositions convenables, on aurait plusieurs puisards et alors *une seule machine à vapeur* façonnée de manière qu'on pût la placer aisément et en peu de temps où besoin serait, deviendrait suffisante et l'on éviterait ainsi la multiplicité des conduits, etc., etc.

moins en partie, il resterait encore 1,400 mètres cubes d'eau disponible pour empêcher sur ces points les cheminemens *sous terre*.

7e DONNÉE; nous venons de voir que la quantité d'eau nécessaire pour abreuver les terres, devrait être de 1,200 mètres cubes, en supposant qu'il y en ait 1/3 absorbé par des infiltrations inutiles, et que cette quantité d'eau, ainsi que les autres 1,400 mètres, seraient fournis par une très faible source quelconque de trois litres par seconde, et nous avons compté sur 10 jours pour obtenir les 2,600 mètres cubes d'eau. Mais dans un laps de temps si long, suivant la nature des terres, il pourrait se faire que des infiltrations inutiles absorbassent presque entièrement l'eau : il faut donc que le temps pendant lequel on ferait la distribution, soit bien plus restreint, et qu'on puisse en conséquence compter sur des sources plus abondantes, à moins d'accumuler l'eau dans de très grands réservoirs, ce qui est moins admissible. Le temps de distribution devrait donc être réduit à 4 jours au plus, au lieu de 10 jours, et la source fixée à 7 litres 50 par seconde, enfin la force motrice à 150 kil. élevés à 1 mètre, toujours pour la hauteur de 20 mètres, à laquelle nous avons dit que l'eau serait élevée.

Mais que l'on considère encore dans quelles conditions *minimes* nous venons de nous placer et puis tout ce que l'on pourrait faire en bien moins de temps, en 24 heures, avec des quantités d'eau et des forces motrices beaucoup plus grandes, tout ce que l'on pourrait faire avec une *seule* machine à vapeur de 30 à 40 chevaux, *pendant* 10 *jours*, pour remplir *en outre* des avant-fossés sur les glacis, pour rendre sur des points donnés, le terrain fangeux, *en temps voulu*, pour obtenir des inondations *artificielles* et *locales*; on entrevoit déjà qu'en temps de siége SEULEMENT et *au moment du besoin*, l'eau pourrait fournir pour la défense des places, des ressources bien autrement puissantes, qu'en restant *stagnante* A TOUJOURS dans des marais *insalubres* et *improductifs* et dans des fossés où de plus elle peut devenir même nuisible à la défense, en empêchant les retours offensifs; on voit encore que les fortifications fussent-elles à 60, 80 mètres au-dessus du niveau des sources (1), soit à l'aide de roues hydrauliques, soit avec une *seule* machine à vapeur qu'on pourrait transporter sur divers points et à laquelle on pourrait par conséquent assigner des emplacemens plus convenables dans l'intérieur plus près des remparts, il y aurait ainsi moyen d'utiliser l'eau sur les fronts d'attaque, au *moment du besoin, sans embarras et sans danger*, et en faisant même servir à cette fin les machines que l'industrie emploie pour ses travaux, *toutes les dispositions étant d'ailleurs prises d'avance, les conduits d'eau placés, etc.*

Enfin, quelles facilités ne trouverait-on pas dans des places qui seraient déjà pourvues d'établissemens et de conduits pour la distribution d'eau à leurs habitans? Et là où de pareils établissemens ne seraient pas encore faits, quel intérêt pour le gouvernement et pour les citadins à les créer et à les disposer mieux et de manière qu'ils pussent satisfaire et aux besoins des villes fortifiées, pendant la paix et de plus à ceux de l'Etat pendant un siége? Quel parti le gouvernement ne tirerait-il même pas, en temps de paix, d'eaux abondantes qui ne coûteraient rien, pour faire produire davantage par des irrigations bien ménagées, des terrains qui lui appartiennent et qui rapportent si peu? De tant de dépenses faites ou à faire encore pour des fortifications qui ne peuvent être utiles qu'en temps de guerre, quel avantage, si l'on pouvait en rendre au moins une parcelle productive pendant la paix!

Les terres, l'eau et la maçonnerie, voilà, *en général*, les grands moyens à employer, à combiner le plus avantageusement *dans les dehors* d'une place pour multiplier les obstacles et accroître la résistance et même, en temps de paix, pour rendre des terrains productifs par l'emploi de l'eau, etc., etc.

Revenons à l'emploi de l'eau comme moyen, soit de rendre

(1) Que ces hauteurs de 60, 80 mètres n'effraient pas pour les réservoirs ou châteaux-d'eau à faire petits, quelles que fussent les masses d'eau mises en mouvement, car si les fortifications étaient si élevées, la place le serait aussi sur ces points et les réservoirs pourraient donc n'avoir que de faibles hauteurs; des réservoirs *à air* cylindriques assez spacieux et solides adaptés aux pompes à eau, seraient aussi, dans ces cas, d'une grande utilité et pourraient, jusqu'à un certain point, remplacer les châteaux-d'eau.

les terres fangeuses et peu propres à faire des épaulemens assez consistans, soit d'empêcher les cheminemens sous terre.

Dans la fig. 10 nous avons indiqué :

1° Le tuyau d'alimentation incrusté dans un massif de bonne maçonnerie, *en béton*, assez volumineux et difficile à détruire et assez recouvert de terre pour que les bombes ne puissent le dégrader, et de manière que le massif lui-même ne puisse pas servir d'épaulement vers la place (pourrait être un peu plus bas encore qu'il n'est figuré).

2° Les petits embranchemens qu'on voit représentés aussi dans la coupe, étant établis à de courtes distances les uns des autres, ils seraient recourbés dans le haut de manière que du gravier ne pût pénétrer dans l'intérieur; on garnirait d'ailleurs de cailloux l'embouchure, le pourtour, etc.

3° Puis à 0,30 au-dessous de la surface du sol, on voit les conduits les plus simples, les moins coûteux et cependant les plus propres à répandre l'eau sur le terrain, ces conduits consistant, tout simplement, en une couche de cailloux et de gros sable de 0,30 d'épaisseur, qui permettraient à l'eau de s'étendre. Suivant que les terres seraient plus ou moins pénétrables, les intervalles devraient varier, et pour des terres peu pénétrables, il faudrait même étendre sur toute la surface, le cailloutage et pour d'autres espèces de terre trop pénétrables, appliquer au-dessous une petite couche d'argile, dans le cas *seulement* où l'on aurait à ménager l'eau.

Les cailloux eux-mêmes dans les épaulemens des assiégeans, seraient bons à produire des éclats meurtriers.

Le terrain devant être ainsi préparé à l'avance, afin que les terres au-dessus ne pussent, à la longue, s'infiltrer par l'effet des eaux pluviales, la surface du cailloutage serait recouverte d'une légère couche de mortier hydraulique de 0,06 à 0,08 (bitumé au besoin), ainsi que l'indique la petite fig. *b*.

En temps ordinaire, les terres au-dessus protégeraient suffisamment l'aire en mortier, et dès que, par l'ouverture de la tranchée, en temps de siége, les fronts d'attaque seraient déterminés, avant même de faire arriver l'eau, on briserait la croûte, en faisant avec une pince en fer de petits trous qui

permettraient à l'eau de remonter, de jaillir même à la surface suivant la pression qu'elle exercerait, à raison de la hauteur plus grande du réservoir d'eau ou de la pression plus grande dans le *réservoir à air*, hauteur ou pression qu'il faudrait d'ailleurs *notablement* plus grande, pour que l'eau pût se répandre plus tôt sur toute l'étendue du canal d'alimentation et dans les terres. Enfin, pour que les terres, près des saillans, fussent plus tôt abreuvées et qu'il y eût encore plus de chances, en cas que l'assiégeant parvînt à rompre le massif de maçonnerie sur un point, il conviendrait d'alimenter le canal principal au moins par les deux bouts.

Les mêmes dispositions que nous venons d'indiquer, ne serviraient pas seulement pour abreuver les terres à la surface du sol, mais encore pour empêcher l'assiégeant de cheminer *sous terre*, d'établir des fourneaux de mine propres à faire sauter les contrescarpes et de faire ses descentes de fossé en galerie souterraine. Pour cela, on n'aurait qu'à faire, en quinconce, des trous assez rapprochés et de 0,40 à 0,50 de diamètre, comme il est indiqué dans le plan et la coupe de la fig. 10; on remplirait aussi ces trous de cailloux et de gros sable; alors quelque part que le mineur se portât, il serait exposé à être inondé, etc.; ne pouvant poursuivre ses cheminemens sous terre, il n'y aurait donc moyen pour l'assiégeant, ni de faire sauter la contrescarpe, ni de faire ses descentes de fossé!

Au reste, nous ne pouvons exposer ici que de simples idées qui, pour être bien applicables aux divers terrains, exigeraient nécessairement des essais préliminaires et des coupures et l'addition de bonnes terres dans les terrains argileux, sablonneux, etc., etc. Mais nous ne pensons pas moins que, *sur les points d'attaque présumés* d'une place, ces moyens pourraient contribuer avec la plus grande efficacité à augmenter la résistance, *surtout* dans notre système où l'assiégeant serait forcé, dans tous les cas, de cheminer sur les glacis en *sape double* et de tâcher de se couvrir encore par des traverses rapprochées, travaux qui exigeraient de grands remuemens de terre qui étant détrempée, en bouillie, serait peu maniable et ne pourrait servir qu'à faire des épaulemens sans assez grande consistance, épaulemens que les boulets et les obus pénétreraient aussi bien plus facilement. De plus, d'après notre profil, fig. 6, pour faire des brèches assez bas, il faudrait par la mine renverser d'abord la contrescarpe; d'autre part, la contrescarpe étant plus haute, si l'assiégeant ne renversait pas la contrescarpe, il aurait à faire ses descentes de fossé en galeries souterraines qui seraient plus longues et plus difficiles; et comment pourrait-il faire sauter la contrescarpe ou faire ses descentes de fossé, s'il ne pouvait pas cheminer sous terre?

Enfin, par suite de l'adoption de l'emploi du moyen que nous proposons, il y aurait aussi à disposer le tracé du chemin couvert, de manière que l'assiégeant ne pût en aucun cas se couvrir du massif en maçonnerie protégeant le tuyau d'alimentation, massif qui devrait lui-même être un obstacle *de plus* pour l'assiégeant. Dans notre deuxième mémoire, en traitant plus au long de l'emploi de l'eau et de la maçonnerie dans les dehors, nous aurons occasion d'indiquer les dispositions qui nous semblent les plus convenables à adopter, dans ces cas, pour les chemins couverts.

FIGURE 11.—*Modification de la galerie* G *de la coupe, fig.* 7.

Cette galerie voûtée G serait remplacée ici par un simple mur auquel on pourrait adosser des blindages; les rampes à faire au milieu et aux extrémités, seraient pleines; au bas du mur il y aurait, à hauteur convenable, une retraite assez large qui servirait de banc aux hommes, pour se reposer.

Mais, entre ces deux moyens d'obtenir des abris, il y en aurait un troisième mixte qui consisterait à faire cinq rampes: deux aux extrémités, une au milieu et deux intermédiaires, afin que les fusiliers ne fussent pas acculés sur la banquette du chemin couvert, et puis à ne faire des galeries que sous ces rampes, laissant ailleurs, avec ou sans blindages, le mur qui servirait lui-même d'abri; ce moyen serait, dans bien des cas, suffisant et plus économique; le chemin couvert au-dessus pourrait aussi être palissadé plus aisément qu'en adoptant les galeries G, fig. 7, galeries qu'à cet effet il conviendrait d'ailleurs d'avancer un peu dans l'intérieur, ce qui ferait aussi que la banquette du chemin couvert serait plus large, plus commode, etc., etc. (la traverse de la palissade devrait plutôt être figurée en dedans).

FIG. 12.—*Crachement de lumière des canons.* (Casemates).

La fumée donnant sujet à la plus grande objection contre l'emploi des casemates, il importe d'ôter tout fondement à cette objection en en faisant, autant que possible, disparaître les causes.

C'est moins la fumée en elle-même que les gaz sulfureux et suffocans qu'elle contient, qui la rendent insupportable, et par l'effet du crachement de la lumière qu'on fait assez large pour y introduire des étoupilles et le dégorgeoir, sous d'énormes pressions instantanées, il doit s'en dégager de la fumée en quantité notable; pour s'en garantir, nous proposons l'emploi de capsules ou amorces fulminantes, à l'aide d'un marteau à ressort, qui serait fixé aux pièces par un seul boulon ou forte vis (*a*).

La tension des gaz provenant de la combustion de la poudre, étant prodigieuse et devant être d'autant plus violente que le diamètre de la lumière est plus grand, il importerait d'abord que la cheminée à adapter à la lumière, eût le plus petit diamètre intérieur, ensuite il faudrait que le ressort fût assez fort pour résister à la pression encore exercée sur lui au moment de l'explosion et que la disposition même de son mécanisme pour le maintenir en place (bouchant la lumière), que ce mécanisme fût simple, ne l'affaiblît pas et ajoutât plutôt à sa force.

Le but du marteau étant ici de boucher la lumière et d'empêcher ainsi la sortie de la fumée, s'il n'y avait qu'une faible pression à vaincre, le ressort simple pourrait suffire pour maintenir en place le marteau, mais ayant à résister à une grande pression encore malgré la réduction du diamètre de la lumière et de plus ce marteau devant être disposé de telle manière qu'il puisse aussi rester levé à volonté, soit pour qu'on puisse amorcer avec une poudre fine, soit pour placer la capsule *seule* si elle suffisait, soit enfin pour dégorger : à ces fins le corps du marteau porterait à sa queue ou extrémité un autre ressort *b'b* traversant le corps; il aurait un premier cran *b*, en arrière, destiné à assujettir le marteau sur la lumière et un autre cran *b'* sur le côté, à hauteur convenable et qui servirait à maintenir le marteau levé.

Ainsi, pour lever le marteau, en saisissant d'une main son mentonnet et de l'autre main le ressort *b'b* plus haut que *b'* (non figuré) et en amenant à soi le ressort *b'b*, on dégagerait le cran *b* et en faisant effort sur le mentonnet, on remonterait le marteau jusqu'au cran *b'* qui le retiendrait levé ; puis pour le faire partir, on n'aurait qu'une secousse latérale à donner au ressort *bb'*. La manœuvre demanderait moins de temps et serait encore plus facile que la description que nous venons de faire.

Il est d'ailleurs entendu que le corps serait renforcé à l'endroit où le ressort *bb'* le traverserait.

Nous prévoyons bien l'objection que la lumière pourrait s'engorger, mais encore c'est à l'expérience à constater cet inconvénient : une lumière un peu plus large *au-dessous* serait-elle plus convenable ou faudrait-il employer un dégorgeoir encore et plus mince ? Enfin, suffirait-il de dégorger de temps à autre plus à fond, en desserrant la vis (*a*) et en détournant un peu le marteau ?

Au reste, cet appareil bien simple qui épargnerait le bouchage de la lumière pour écouvillonner, ne serait adapté aux pièces que lorsqu'elles seraient à leur place dans les casemates, puis pour les longs transports ou sur les chantiers, les pièces seraient pourvues de deux boutons *c* et *d* taraudés, dont l'un servirait même comme tampon à boucher la lumière des pièces en fonte de fer sur chantiers.

Evidemment, un mécanisme tel que celui que nous indiquons ici, ne pourrait pas servir pour les pièces de campagne, mais les bouches à feu *allongées* et de fort calibre ne servent pas aux armées, elles ont des positions plus fixes et n'ont pas un tir aussi précipité ; ainsi, ce qui conviendrait très bien pour elles, pourrait ne pas convenir du tout pour des pièces de campagne.

FIGURE 13. — *Fronts présentés dans leur ensemble* (24 *côtés*).

Qu'on veuille bien remarquer que le rayon de cette place ou polygone de 24 côtés, ne serait encore que de 1,900 mètres environ et qu'en supposant que les habitations ne fussent qu'à 1,000 mètres des côtés extérieurs, il ne resterait que 1,800 mètres pour le diamètre de la ville qui ne serait pas, comme l'on voit, bien grande. A étendre l'enceinte, outre l'avantage de gagner en force pour les fronts et en surface dans l'intérieur, pour recevoir au besoin des corps d'armée et installer tous les magasins d'approvisionnement en lieux de sûreté, sans les voûter à l'épreuve des bombes, ce qui est bien à considérer *c'est qu'on pourrait en général mettre bien mieux à profit les* OBSTACLES NATURELS qui ne coûtent rien et sont permanens : on en tirerait un plus grand parti, soit pour étendre des fronts *en ligne droite,* soit pour simplifier encore les ouvrages et les construire là avec plus d'économie, soit pour mettre, sur ces points, la place hors des attaques ou au moins à l'abri des surprises, soit pour accroître même les moyens de résistance sur les fronts d'attaque.

En avant des saillans, sur les capitales, nous avons indiqué des emplacemens pour les fusils de rempart et pour des pièces de campagne, tirant à barbette sur les assiégeans faisant leurs premières dispositions. A raison de la saillie des lunettes, les assiégeans seraient obligés de faire à plus grande distance leur première parallèle et l'on voit quelle étendue devrait avoir cette parallèle pour embrasser les fronts ayant des vues sur les attaques.

De ses premières batteries, l'assiégeant ne pourrait rien de sérieux contre les bastions qui cependant pourraient déjà prendre des enfilades ou des revers et soutenir les lunettes dont les distances et les dispositions permettraient même d'enfiler quelques-unes des premières batteries de l'assiégeant et à plus forte raison les batteries de plein fouet qu'il tenterait ensuite d'établir *plus près*, afin de contre-battre les faces des bastions qui, s'il les laissait à-peu-près intactes, lui feraient éprouver de trop grandes pertes dans l'attaque des lunettes.

La troisième parallèle faite, l'assiégeant se bornera-t-il à diriger ses cheminemens de manière à n'attaquer que le bastion A, après s'être emparé des deux lunettes collatérales, ou bien attaquera-t-il trois lunettes pour se porter ensuite sur deux bastions ?

Mais, à diriger ses attaques sur un seul bastion, après avoir pris deux lunettes et avoir fait une quatrième parallèle, alors l'assiégeant eût-il encore disponible l'artillerie la plus formidable, il ne pourrait pas même la développer pour contrebattre, à chances égales, toute l'artillerie que l'assiégé pourra lui opposer sur les grands développemens des flancs et des courtines *encore intacts* de deux fronts !

N'ayant aucune chance de réussir de cette manière, il faudra nécessairement que l'assiégeant cherche plutôt à s'étendre et à faire deux attaques liées, en s'emparant de trois lunettes pour se diriger ensuite sur deux bastions et que pour cela il ait tous les moyens matériels nécessaires; mais trois fronts entrant alors en jeu pour la défense rapprochée, c'est encore une question d'artillerie qui décidera des progrès que pourra faire l'assiégeant dans ses cheminemens ultérieurs; il faudra qu'il parvienne à maîtriser l'artillerie de la place, *et il ne le pourra pas, pour peu que la place soit convenablement armée et qu'il y ait intelligence et vigueur dans la garnison !*

Qu'on suppose de 280 bouches à feu *seulement* l'armement des fronts ayant action sur les attaques (le général Rogniat en demande 235 sur les fronts d'attaque, pour un *dodécagone* de Cormontaingne, *voir* la note O), si l'on remarque 1° comment les ouvrages entrent ici *successivement* en jeu dans la défense : d'abord les lunettes et les bastions, puis aux dernières périodes décisives, les flancs et courtines encore intacts; 2° *avec quelle facilité* s'opéreront tous les mouvemens, déplacemens d'artillerie pour obtenir dans la défense rapprochée et sur des points donnés, les feux les plus formidables, propres à bouleverser les batteries ennemies, il semble qu'on ne puisse raisonnablement contester qu'il ne dépendrait ici que des défenseurs de maîtriser *toujours* les batteries que l'assiégeant serait forcé d'établir en deçà d'une quatrième parallèle qu'il serait obligé de faire après s'être emparé de trois lunettes.

Une dernière remarque : des côtés extérieurs plus ouverts, des grandes places sont plus favorables à une défense éloignée, les fronts eux-mêmes, dans notre système, doivent aussi, dans ces cas, acquérir plus de force; mais pour de petites places, pour des décagones et même pour des octogones, l'assiégeant ne serait pas moins forcé de faire encore deux attaques liées et l'assiégé pourrait même parvenir aussi dans ces petites places, à maîtriser les batteries rapprochées de l'assiégeant.

FIGURE 14. — *Grands fronts.*

C'est, lorsqu'on ne serait point gêné par des espaces trop circonscrits, ni par des accidens de terrain trop prononcés, que par les combinaisons d'angles et de lignes les plus simples et par des constructions relativement moins coûteuses, on pourrait grandement mettre à profit toute la puissance des effets d'artillerie et que pour cela on pourrait agrandir les faces, les flancs des bastions et les courtines, en se ménageant également, dans les dehors, des rentrans, des places-d'armes et des réduits inaccessibles aux assiégeans.

Sur ces fronts de 900 à 1,100 mètres tels que nous les indiquons dans la fig. 14, les faces et les flancs des bastions étant garantis contre les ricochets par des casemates en *bonnettes* aux saillans et comme *grandes traverses* sur les faces et sur les flancs, l'assiégeant ne pouvant plus avoir d'action que par des batteries directes de plein fouet et les distances auxquelles il serait obligé d'établir ses batteries, étant limitées à 500 mètres pour de bonnes portées contre des parapets épais et en terre rassise, que l'on veuille remarquer que PARTOUT *il serait pris non-seulement de front, mais encore d'enfilade, de revers* et qu'il n'y aurait alors nulle nécessité d'avoir au-dehors des lunettes, que si nous en avons figuré une, ce serait, par exemple, pour éclairer des bas-fonds ou pour prolonger la défense éloignée : trente bouches à feu des faces des bastions, pourraient croiser leurs feux sur les approches de cette lunette !

L'assiégeant ne pouvant diriger des attaques que sur les bastions sans pouvoir aborder le saillant moins avancé entre eux, sans pouvoir compter sur ses batteries pour maîtriser l'artillerie de la place, comment pourrait-il faire ses couronnemens de chemins couverts et parvenir à faire brèche aux bastions ? Au sujet des obstacles *matériels* que l'ennemi aurait *de plus* à surmonter dans ses couronnemens, nous nous sommes déjà étendu assez longuement dans ce mémoire.

Le corps de place indiqué par des hachures, aurait comme dans les fig. 2, 3, 4 et 13, un commandement bien plus grand que les bastions dont la fortification serait rasante ; à la gorge du saillant intermédiaire et moins avancé dont on voit assez la destination, nous avons ponctué une galerie pour la communication des fossés de droite et de gauche et qui pourrait encore servir d'abri ; au-dessus, on pourrait aussi faire un fossé avec revêtement, qui serait en partie comblé, et qui, au besoin, servirait de retranchement intérieur ; de même pour la fig. 13, on pourrait établir, à la gorge, des communications souterraines entre les fossés de certains fronts et au-dessus préparer aussi un deuxième retranchement, etc., dispositions au reste que nous jugeons là si rarement utiles, que nous ne les avons pas même indiquées.

Pour bien juger, tant sous les rapports des effets, de la facilité, de la sûreté du service que sous le rapport des dépenses, de la valeur de nos grands fronts comparativement à ceux de Cormontaingne dans les mêmes circonstances, il faudrait avoir sous les yeux *trois* fronts *complets* du système *classique* et un *seul* de nos fronts de 1,080 mètres, les uns et les autres sur la même échelle, on verrait alors mieux combien, sous les différens rapports, la différence pourrait être grande.

Dans la même fig. 14, nous avons indiqué aussi comment ces grands fronts pourraient être *raccordés* avec d'autres ouvrages de fortification modifiés de manière à être mieux appropriés au parti avantageux à tirer d'un canal, d'un bras de rivière, d'un simple ruisseau, approfondi, élargi, etc.

Entre deux rivières dont les eaux vont se confondre dans le même lit, en avant de leur confluent, ces fronts trouveraient aussi une application importante comme grandes têtes de pont ainsi que dans tous les cas où la grandeur de la place et les localités permettraient de s'étendre.

Telles, enfin, auraient pu être et plus simples encore, les fortifications de Paris, *au nord*, sur la rive droite, de en avant de Pantin, jusqu'au pont de Saint-Maur, et, comme grande tête de pont, en avant d'Alfort, entre la Seine et la Marne.

FIGURES 15 et 16. — *Appropriation des fronts à des obstacles naturels.*

Des canaux comme ceux de Saint-Denis et de l'Ourcq, un bras de rivière, un faible ruisseau dont on pourra modifier la direction, s'il en est besoin, et qu'on pourra élargir, approfondir et même de simples fossés assez larges et profonds sans revêtemens qu'on pourra préparer à l'avance et ne remplir d'eau *qu'au moment du besoin* (*voir* description de la fig. 10) sont des obstacles naturels dont il importe de tirer parti en leur appropriant, le mieux possible et le plus simplement, les fortifications.

Des lunettes et lorsqu'il s'agira de se rendre maître de grandes avenues, quelques têtes de pont, ces ouvrages remplacent ici nos bastions avec leurs flancs ; et considérant le lit du canal ou fossé plein d'eau, comme *avant-fossé* de la courtine, en établissant nos retranchemens d'un *moindre* profil, en arrière de cet avant-fossé (profil, fig. 15) avec une ou deux poternes seulement pour la police de ces longs fossés secs avec cunettes, tout en simplifiant ainsi le tracé et en mettant le corps de place entièrement à l'abri des surprises et des attaques de vive force, nous obtenons cependant des moyens plus grands de résistance ; en effet :

D'abord, comment l'assiégeant pourrait-il pénétrer dans ces rentrans où il serait exposé de toutes parts à des feux croisés ; ayant devant lui un canal à combler pour pouvoir s'établir sur une contre-garde *trop étroite* pour qu'il pût s'y loger et y établir une batterie de brèche ? De toute nécessité, l'assiégeant serait donc forcé de diriger ses attaques ou sur les saillans d'une tête de pont ou sur deux lunettes, car contre une *seule* lunette, ses attaques seraient impuissantes ; et qu'on veuille bien remarquer que les flancs de ces ouvrages avec casemates, comme traverses seulement, ne pouvant être ni ricochés ni *même contre-battus directement*, prendraient presqu'à dos l'assiégeant dans ses entreprises de couronnement de chemin couvert et croiseraient encore leurs feux jusque sur les premières brèches, en supposant que, malgré les autres obstacles *matériels* à surmonter, page 71, l'assiégeant parvînt à faire ces brèches et à s'y loger. Mais une *double* brèche serait à faire encore, l'une au réduit de lunette et l'autre au corps de place; et pendant que l'artillerie des courtines et celle des flancs des lunettes collatérales ne décesseraient pas d'agir sur les tranchées de l'assiégeant, les actions de vigueur devraient produire leur effet, les défenseurs pouvant même agir ici avec d'autant plus de résolution qu'il leur resterait encore plus de ressources.

Nous n'avons pas indiqué des abris pour les rassemblemens destinés aux actions de vigueur ; ces abris tels que ceux de la fig. 11, seraient placés entre les lunettes, dans les rentrans, parallèlement au canal et dans les places-d'armes latérales ; mais le sol de ces abris pouvant se trouver au-dessous du niveau de l'eau, il faudrait, dans ce cas, qu'à l'aide de l'argile ou de la maçonnerie, une trop grande humidité n'y eût pas accès, ce qu'on éviterait mieux encore, en maintenant le sol au-dessus du niveau de l'eau et en donnant un commandement plus grand, d'ailleurs, nécessaire au corps de place, puisqu'il doit dominer les réduits des ouvrages extérieurs qui eux-mêmes doivent avoir un assez grand commandement, et que de ces grandes courtines avec parapets très consistans et non ricochables, on commanderait encore mieux le terrain en avant et plus au loin.

FIGURE 17. — *Autre application particulière.*

S'agit-il d'un isthme à garder, à défendre? que sa largeur soit de 400 à 600 mètres, le seul front indiqué suffira et l'assiégeant aura deux brèches à faire. Plusieurs routes doivent-elles y aboutir? Au lieu d'établir un front sur chaque route et de faire des couronnes simples, doubles, etc., bien moins puissantes, comme on a fait pour la double couronne *du nord* à Saint-Denis, on n'aurait ici qu'à porter plus en avant la patte d'oie pour défendre ces routes. Enfin la largeur de l'isthme serait-elle de 900 à 1,100 mètres ou de 1,700 à 2,200 mètres, alors on emploierait un ou deux fronts de la fig. 14, et pour toutes les largeurs, on n'aurait qu'à combiner nos grands et moindres fronts pour assurer la fermeture de ces isthmes.

FIGURE 18. — *Autre application.*

Que par la nature ou par la disposition relative des localités, *sur certains points*, comme pour les fortifications de Paris *sur la rive gauche de la Seine*, que sur ces points, à l'aide d'autres dispositions spéciales, on n'ait pas à craindre que l'assiégeant puisse faire là tous les préparatifs d'un long siége, y rassembler tout le matériel et tous les approvisionnemens nécessaires, que, dans ce cas particulier, il ne s'agisse donc, *comme garantie*, que d'une enceinte simplement terrassée *avec escarpes solidement revêtues et flanquées* et précédées d'un fossé avec glacis, de manière que pour la battre en brèche l'ennemi fût forcé encore de faire *des remuemens de terre* et d'employer des appareils de siége, *des bouches à feu de gros calibre*,

S'il y a là de grandes avenues, des chemins de fer à garder, nous indiquons comment ces avenues pourraient être laissées libres et au besoin être défendues facilement, et bien mieux que par des demi-lunes *en terre*, en face des courtines ordinaires, sur des fronts dont les contrescarpes ne seraient pas revêtues et permettraient de tourner les ouvrages passagers qu'on voudrait faire au moment du besoin.

Les grandes fortifications que nous avons indiquées dans les fig. 14, 16, 17 et 18, et qui sont disposées de manière que l'artillerie puisse y avoir tout son essor, y développer toute sa puissance, ces fortifications conviendraient surtout pour de grandes places, dont le grand périmètre permettrait encore de tirer un parti avantageux des obstacles naturels, des eaux surtout, des canaux et rivières et des inondations artificielles, obstacles, qui de plus donneraient la facilité de développer les fronts en ligne droite et qui offrant plus de garanties contre les surprises, etc., laisseraient plus de latitude dans le choix des hommes pour la défense.

Mais dans quelles circonstances et en quels lieux de telles applications auraient-elles pu être faites plus heureusement, qu'à enceindre Paris, cette grande capitale de la France, de cette place déjà immense et qui, sans absorber des corps d'armée entiers pour sa défense, demandait des moyens en rapport avec son immensité et qui, avec les fortifications qu'on lui a faites, exige plus impérieusement encore, après de grands revers éprouvés par nos troupes, revers qu'elles ne subiront pas, mais que la prudence conseille pourtant de prévoir aussi, qu'alors, dans des circonstances aussi critiques, des armées alliées ne puissent pas du moins faire tomber la grande Cité en leur pouvoir, par un simple investissement.

Maintenant que la construction de tant d'ouvrages est si avancée, et que sont à-peu-près construits ces 165 fronts qui développés occuperaient environ 15 lieues d'étendue, il n'y a plus à discuter ni à examiner ce qu'il aurait été plus convenable de faire; car s'il y avait à remanier, pour le faire, il faudrait démolir, ainsi que nous le disions dans l'épigraphe de notre premier mémoire sur les fortifications de Paris (1).

Cependant, il doit y avoir utilité encore à examiner si l'on a satisfait aux principales exigences : à celles d'un siége et à celles contre un investissement.

(1) Dans ce Mémoire, publié en octobre 1840, peu de jours après que le gouvernement eut décidé que 100 millions seraient affectés à des travaux de fortification autour de Paris, nous avions déjà esquissé UNE VASTE enceinte comme le moyen le plus convenable de défendre la capitale; nous avions aussi fait voir que l'enceinte proposée en 1833 par les généraux Haxo et Valazé était bien trop étroite et avait même des escarpes *élevées au-dessus des glacis*, qui, vues de la campagne et battues de 500 mètres de distance, n'auraient permis qu'une défense de quelques jours.

Siége.

Dans le projet adopté par les Chambres, l'enceinte pouvait être abordée, *au nord*, directement et attaquée au pont de Flandres, aussi facilement que si les quatorze forts alors proposés, n'existaient pas ; d'autre part, la communication de Saint-Maur n'étant pas gardée, le fort de Charenton, dans la plaine, pouvait être tourné, en sorte que les alliés auraient pu s'emparer de Paris en moins de quinze jours avec moins de quatre-vingts bouches à feu, de siége ; il fallait donc *dans ce système*, un fort encore près d'Aubervilliers et un autre dans l'isthme de Saint-Maur, ainsi que nous le démontrions *dans notre deuxième Mémoire* sur les fortifications de Paris, en discutant la valeur du projet ministériel. Le fort d'Aubervilliers a été *depuis* adopté; mais sur l'autre point, les grands établissemens qu'on a faits à Vincennes, pourront-ils suppléer le fort de Saint-Maur où il faudrait d'ailleurs une tête de pont qui ne pût pas être tournée ?

Investissement.

La ceinture des forts, malgré son développement de 16 lieues et malgré 80,000 hommes de troupes de ligne pour les défendre ou les garder eux et leurs intervalles, cette ceinture pourra-t-elle soustraire la capitale aux chances d'un investissement par moins de 270,000 alliés qui, sans grands convois, *sans aucun matériel de siége*, n'auraient qu'à occuper quelques positions *centrales* au nord et au midi de Paris et à faire agir leurs troupes légères, leur cavalerie pour intercepter toutes les routes et couper les vivres à un si grand monde, à 16 ou 1,800,000 âmes renfermées dans Paris (1)? Nous disons 1,800,000 âmes, car si Paris, en peu d'années, a pris déjà un si grand accroissement, quelles seront et sa population et celle de sa banlieue, dans cinquante ans, lorsque les chemins de fer convergeront vers ce grand centre ?

(1) Les cinq forts de la rive gauche n'empêcheraient pas les alliés d'occuper en force Choisy et Versailles, et d'intercepter de ce côté toutes les routes, etc.

Et Paris qu'Henri IV affama avec 16,000 hommes, Paris avec son immense population présente et à venir, une fois investi, n'est-il pas à craindre qu'il tombe au pouvoir des alliés avec tous ses forts, avec toutes ses richesses, avec tant de ressources accumulées à si grands frais sur ce seul point? Alors la France et son gouvernement éloigné ou présent seraient donc à la merci, seraient sous le joug de l'ennemi!!! Si une telle crainte peut être fondée, n'y a-t-il pas l'obligation la plus impérieuse de rendre l'investissement de la Capitale, dans tous les cas impraticable?

Pour faire de Paris une position réellement inexpugnable, pour que les pouvoirs de l'Etat et le gouvernement puissent en toute sûreté continuer à y siéger à l'approche de l'ennemi, pour que des vivres et des issues soient toujours assurés à une si grande population, on doit voir qu'il faut, de toute nécessité et à tout prix, que Paris, dans tous les cas, puisse conserver des communications avec l'intérieur du pays et qu'à cet effet, par des dispositions spéciales, par deux grands forts détachés un peu au loin, l'un sur l'Oise, l'autre sur la Seine, la *rive gauche* puisse ainsi être en quelque sorte couverte, que l'ennemi ne puisse guère y arriver et encore moins s'y maintenir et que cette condition à remplir indispensablement une fois satisfaite, l'enceinte, telle qu'on l'a faite, deviendra une garantie bien suffisante, de ce côté, contre toute entreprise sérieuse de l'ennemi : car pour attaquer là, les alliés auraient non-seulement à se maintenir sur la rive gauche, mais encore à y faire passer en assez grande quantité du *matériel de siége* dont nous pourrions être bientôt maîtres, nos troupes *encore disponibles* formées en corps d'observation au dehors, étant appuyées à ces positions fortifiées sur la Seine et sur l'Oise, et pouvant alors tomber sur les derrières de l'ennemi, lui couper ses ponts, toutes ses communications, etc.

Alors, Paris et les deux places collatérales *qui sont nécessaires*, pourraient être considérés comme trois immenses bastions ayant *pour* CORPS DE PLACE *tout le pays intérieur*, et pour COURTINES *la Seine et l'Oise protégées*, *défendues par nos corps d'observation*, courtines que les alliés ne pourraient plus franchir sans s'exposer aux plus grands dangers!

Alors, ne ce serait plus sur un point *seul* que seraient concentrées tous les moyens de résistance, et les ressources de tout genre encore disponibles en hommes et en choses, pourraient, dans ces momens suprêmes, être ainsi mieux utilisées pour une défense qui, par son étendue et sa grandeur, ne cesserait pas d'être vraiment nationale.

Quoique ces *trop courtes* considérations que nous avions développées dans notre deuxième mémoire déjà cité, ne soient pas étroitement liées à notre sujet, à raison de leur importance et de leur à-propos encore, le lecteur nous excusera de terminer par elles ce nouveau mémoire.

NOTES.

NOTE A.—SUR LES DIFFICULTÉS DE FAIRE ACCUEILLIR DES IDÉES NOUVELLES EN FORTIFICATION.

Si la citation que nous avons faite dans le texte, page 5, si cette rude sentence prononcée par le général Fourcroy, auteur principal des *Mémoires sur la fortification perpendiculaire*, pouvait avoir le moindre crédit, il n'y aurait donc plus qu'à suivre les mêmes erremens et il faudrait décidément renoncer à tout espoir de rétablir *même* l'équilibre entre la défense et l'attaque des places.

Sans vouloir justifier cette prétention aussi lourde qu'abusive, anti-progressive, prétention qui assurément est de nos jours repoussée par le corps entier du Génie militaire, on peut, jusqu'à un certain point l'excuser, en considérant tant de systèmes jusqu'à présent enfantés, tant d'efforts vainement faits non-seulement par des professeurs, par des militaires, par des amateurs, mais encore et surtout par des ingénieurs les plus distingués. De là, cette défaveur, ce discrédit appuyés par la force d'inertie et que ne doivent même pas affaiblir de petites passions d'envie, de jalousie, lorsqu'elles se produisent; aussi faut-il du courage, de la hardiesse et une conviction bien profonde pour oser à présent s'avouer auteur d'un nouveau système de fortification, car on doit moins espérer d'être jugé sur son œuvre, que craindre de passer d'abord pour un rêveur, pour un homme à idées creuses, à systèmes.

Pourtant les imperfections du système usité et *classique* en France, sont certaines, flagrantes; et qui oserait dire que les bornes de l'industrie à ce sujet soient atteintes?

Que l'auteur de nouvelles idées, soit amateur, militaire, professeur, homme du métier, peu importe: un enfant n'a-t-il pas contribué au perfectionnement de la machine à vapeur, de ce moteur universel qui centuple la puissance humaine et remue de nos jours le monde! A coup sûr, si l'intérêt privé avait ici une action directe, immédiate, la défense n'aurait pas tardé à reprendre la supériorité sur l'attaque, parce que cela doit être dans la nature des choses aussi bien qu'en droit on doit être maître chez soi. Mais il faudrait que ce fût aussi dans la conviction d'abord et puis dans la volonté persévérante des hommes du pouvoir; mais il ne s'agit ici que de l'intérêt des Etats, de l'intérêt de tous et non de l'intérêt individuel, et le stimulant le plus soutenu, le plus énergique qui puisse faire penser et agir, comme les moyens d'expérimentation, aussi, manquent aux individus! C'est pourquoi, lorsque des idées neuves en fortification se produisent, il importe que ces idées soient sinon accueillies, du moins recueillies et publiées, afin que, tôt ou tard, s'il y a lieu, des hommes spéciaux assez influens et bien disposés puissent en tirer parti.

Rien de plus sage que la réponse qu'un Général de grande réputation fit à M. de Fourcroy à qui la lecture des deux premiers volumes des œuvres du marquis de Montalembert, avait déjà donné quelques inquiétudes: *En fait de sciences exactes,* disait ce général, *on peut recueillir et publier, si l'on veut, les idées nouvelles, parce que soumises à l'expérience et au calcul, elles sont bientôt réduites à leur juste valeur,* 1er septembre 1776, *mêmes Mémoires,* page 57.

L'art aurait en effet perdu à la suppression alors possible des ouvrages trop volumineux de Montalembert, et il n'a assurément rien gagné à la critique amère, passionnée qui en fut faite dans ces mémoires dont nous citerons encore le passage suivant : *Le peu de vues utiles ou intéressantes à la perfection de l'art, contenues dans cet ouvrage, nous était parfaitement connu depuis long-temps, avant que l'auteur eût pris inutilement la peine d'en écrire,* page 94.

C'est assez l'usage pour les travaux d'art, de science, d'en contester d'abord la valeur ou la nouveauté et même de s'approprier ce qui n'est pas ou ce qui cesse d'être contestable; l'essentiel, dans l'intérêt général, est que les bonnes idées portent leur fruit, sauf aux auteurs à répéter ce refrain de toutes les époques, de tous les temps : *Sic vos non vobis,* etc.; trop heureux encore les novateurs grands ou petits, quand la persécution ne s'en mêle pas et ne s'acharne pas contre eux!

NOTE B. — COMMENT LA DÉFENSE *éloignée* POURRAIT ÊTRE PROLONGÉE. — INCONVÉNIENS, page 8.

Dans certains cas, l'assiégeant encore éloigné du corps de place, pourrait déjà être harcelé, harassé, éprouver de grandes pertes de temps, d'hommes et de matériel et quelquefois être même rebuté, *soit* par des sorties vigoureuses, suivant que la garnison serait plus ou moins forte, énergique, *soit* par des ouvrages avancés, par des lunettes assez solides et bien entendues dépendant les unes des autres, qui ne pourraient être attaquées que successivement, qui ne pourraient être prises de vive force, qui obligeraient l'ennemi à éloigner encore plus ses dépôts de tranchée et sa première parallèle et qui contrarieraient d'autant plus ses cheminemens, que ces ouvrages serviraient à favoriser les sorties et forceraient l'assiégeant à *n'avancer que pied à pied* et de *bien plus loin*.

Mais *indépendamment de l'étendue, de la surface de terrain beaucoup plus grandes* qu'alors les fortifications occuperaient, ce n'est que sous de grandes places et *avec* des *troupes nombreuses* et toutes *aguerries* qu'on pourrait songer à tenir ainsi long-temps l'assiégeant à distance, puisque ces troupes seraient indispensables pour bien défendre les ouvrages avancés, pour faire au loin des sorties vigoureuses, et que les grandes places seules peuvent d'ailleurs posséder, en assez grande abondance, les approvisionnemens de tout genre nécessaires à de nombreuses garnisons pour de longues défenses. C'est là un avantage assez reconnu des grandes places ; mais encore faudrait-il pouvoir compter sur des résultats décisifs ; et pour ne pas amoindrir, épuiser les armées, il faudrait *surtout* que les places pussent bien se défendre avec des hommes non aguerris, peu exercés, qui ne manquent jamais et qu'il ne serait pas prudent de commettre avec l'ennemi dans des ouvrages avancés, ni en rase campagne, ces hommes valant d'ailleurs des soldats dans des places fortes dont les fortifications seraient mieux appropriées aux services qu'ils pourraient rendre ; à cet effet il faudrait donc que la force principale des places consistât, en général, dans leur enceinte *sans grands dehors*, surtout pour des places qu'on aurait à construire dans l'intérieur. (*Voir* la note K, *sur la composition des garnisons.*)

NOTE C. — SUR UN MOYEN DE MIEUX FLANQUER LES DEMI-LUNES PAR LES FACES DES BASTIONS DANS LE SYSTÈME DE CORMONTAINGNE (*pour les tracés se rapprochant de la ligne droite*), page 22.

En admettant plus d'étendue pour la ligne de défense, nous pensons que dans le système que nous discutons, quoiqu'on ne puisse guère agrandir avec profit les flancs *autant* et *comme il le faudrait*, il y aurait cependant plusieurs avantages notables POUR DES TRACÉS SE RAPPROCHANT DE LA LIGNE DROITE, à allonger encore de 30 à 40 mètres chaque face déjà bien longue des bastions, puisque dans ces cas où les faces des bastions cesseraient d'être en prise aux ricochets (étant couvertes par les demi-lunes collatérales) les rentrans ne seraient pas sensiblement affectés et qu'alors les demi-lunes attaquées seraient surtout bien mieux flanquées par l'artillerie qu'on pourrait placer plus convenablement sur les faces allongées et non ricochables des bastions ; des fronts d'une étendue de 420 mètres au lieu de 360 mètres, devant *de plus* produire une économie notable dans les constructions et les retranchemens intérieurs devant encore avoir plus de capacité, etc.

Dans ces cas, l'allongement des faces des bastions, comparé à celui des faces des demi-lunes, ne vaudrait-il pas en effet beaucoup mieux pour avoir des revers plus prononcés, sur lesquels on pût bien compter, puisqu'on ne peut éviter, *dans l'état actuel des choses*, que les feux des demi-lunes ne soient toujours maîtrisés par les ricochets de l'assiégeant?

NOTE D. — SUR LES AVANTAGES ET SUR LES INCONVÉNIENS A FAIRE, DANS NOTRE SYSTÈME, PLUS AIGUS LES ANGLES FLANQUÉS DES BASTIONS, page 24.

Nous avons vu, dans le texte, que, dès l'occupation par l'assiégeant des deux demi-lunes collatérales au bastion d'attaque, l'assiégé étant chassé de tous les dehors, l'action des batteries de brèche contre le bastion, ne pouvait plus être contrariée que par quelques feux verticaux impuissans et que dès-lors, même avec des retranchemens intérieurs faits à la hâte pendant le siége, la reddition de la place devenait imminente; d'autre part, nous avons dit pour quels motifs nous proposions de remplacer les demi-lunes par des lunettes portées bien plus en avant et de diriger alors de flancs beaucoup plus puissans, *les lignes de défense* sur les points *les plus importans* à battre : contre les couronnemens des chemins couverts des bastions, contre les batteries de brèche et contre-batteries de l'ennemi.

Or, pour que ces feux de flanc aient toute leur importance et prennent mieux de revers les ouvrages de l'assiégeant, il faut que les angles flanqués des bastions soient les plus aigus que la pratique puisse bien admettre; à cela on trouvera encore l'avantage d'élargir, d'agrandir les courtines qui, ici, n'étant plus masquées par des demi-lunes, joueront un bien plus grand rôle.

De plus, dans notre système, étant dans nos casemates à l'abri des ricochets et des feux verticaux et *n'ayant par conséquent plus à redouter que les feux directs*, à faire les angles flanqués des bastions plus aigus, au lieu de l'inconvénient grave qu'ils présentent, dans l'état actuel des choses, à cause des ricochets, nous trouvons au contraire l'avantage de forcer les assiégeans à s'approcher davantage des fronts et à présenter le flanc de leurs batteries de plein fouet, avantage d'autant plus manifeste que les côtés extérieurs seront plus grands et que leurs angles seront plus ouverts ou les places plus grandes, au point que, pour les tracés approchant de la ligne droite, les batteries de plein fouet de l'assiégeant étant à de moindres distances des fronts, pourront être enfilées et même prises à revers sur des fronts de 500 à 600 mètres et que dans ces cas on pourra se dispenser de construire des lunettes, attendu que des batteries au-dehors d'abord *à barbette*, puis à embrasure, pourront concourir à satisfaire aux besoins de la défense la plus éloignée conjointement avec l'artillerie de la place.

Enfin, ce qui n'est pas sans importance encore, c'est que les angles aigus des bastions dispenseront pour l'armement de sûreté, de mettre à ces saillans des bouches à feu, comme à l'ordinaire, attendu que les pièces mêmes des flancs de courtine qui auront en outre de grands commandemens, pourront ici croiser leurs feux sur les capitales des bastions (*Voir* fronts hors des attaques, page 78) (1).

(1) En tâchant d'adapter nos casemates aux fronts de Cormontaingue, on parviendrait bien aussi à se garantir des ricochets et des feux verticaux, et l'on pourrait forcer ainsi l'assiégeant à n'employer contre la place que des batteries directes et de plein fouet; mais les angles flanqués des bastions étant plus ouverts, ce serait moins obliquement et en prêtant moins le flanc que l'ennemi pourrait encore établir au loin ses batteries de plein fouet.

Cependant, sur les fronts ouverts ou d'un grand nombre de côtés ce sont les demi-lunes *surtout* qui dans tous les cas sont toujours en prise aux ricochets, c'est à ces ouvrages qu'il importerait d'ajouter des casemates, *et* aux saillans comme *bonnettes et* sur les faces comme *grandes traverses*, afin de donner aux demi-lunes l'importance que les ricochets leur font perdre, casemates qui seraient, dans ces cas, d'autant plus utiles, eu égard au peu d'ouverture des angles flanqués, que pour les contre-battre l'ennemi serait forcé d'employer le plein fouet et de prêter le flanc comme dans notre système. Mais encore, comment établir *convenablement* des casemates dans des ouvrages si rapprochés les uns des autres, sur les terres-pleins de remparts étroits, avec les profils de parapets et d'escarpes et les commandemens de ce système? C'est une question que nous examinerons dans notre deuxième mémoire.

Mais, dira-t-on, en tenant si aigus les angles flanqués, on rétrécira beaucoup l'espace au saillant des bastions, d'autant plus encore que dans notre profil, *fig.* 6, avec des escarpes bien moins hautes, et moins de pente pour les talus extérieurs, il faut que nous étendions beaucoup plus ces talus. D'abord, on peut atténuer ce dernier inconvénient, si l'on veut, en élevant un peu plus et graduellement les escarpes près des saillans, comme nous l'avons indiqué, *fig.* 6, par des lignes ponctuées ; d'ailleurs nous nous bornons à 70° au lieu de 60, pour l'angle flanqué des bastions. Mais y eût-il encore 34 ou 40 mètres depuis le pan coupé jusqu'au saillant, avec une ou deux casemates, il en résultera que ces casemates pourront être mieux assises et qu'à raison de ce que les angles flanqués seront plus aigus, l'assiégeant sera obligé de prolonger davantage ses couronnemens, et de présenter mieux le flanc et le dos pour pouvoir établir ses batteries de brèche, et lors même que, malgré tous les obstacles matériels qu'il aurait à surmonter, il parviendrait à battre en brèche les murailles d'escarpe, les brèches seraient encore d'autant moins praticables, qu'il y aurait moins de terre et que les éboulemens ne seraient guère composés que de débris de maçonnerie.

Que l'on veuille remarquer encore que, si par cette disposition il y a moins d'espace dans les bastions, en les faisant toujours pleins nous ménageons ainsi l'espace en même temps que nous nous donnons dans tous les cas, plus de facilité pour les retranchemens intérieurs.

Enfin, indépendamment de la plus grande longueur des faces pour les fronts d'une grande place, pour rendre les bastions plus spacieux, nous leur ajoutons *à tous* des flancs de 20 mètres environ, qui peuvent mieux encore prendre de revers ou à dos, les tranchées du couronnement, les batteries de brèche de l'assiégeant, et le forcer en quelque sorte à attaquer à-la-fois deux bastions, à multiplier ses travaux rapprochés, et à s'exposer par conséquent bien plus aux feux de la place.

Mais, dira-t-on encore, en battant par des feux directs, une des deux faces des bastions, l'assiégeant pourra en même temps prendre à dos ou au moins à revers l'autre face de ces bastions aigus. D'abord, ce ne pourrait être que par un tir moins raide, moins tendu, que l'ennemi pourrait atteindre obliquement et assez bas les casemates et ne pouvant les prendre que plus ou moins de revers et non à dos, par des gabions formant épaulement en *quart de cercle* du côté de l'ennemi et masquant les pieds-droits, on se garantirait aisément de ces revers dont l'assiégeant n'aurait même intérêt à user que dans le cas où il aurait aussi à redouter les feux de la face opposée, etc.

Dans notre deuxième mémoire, nous indiquerons aussi d'autres dispositions qui dispenseraient même de l'emploi de ces épaulemens, etc.

NOTE E. — SUR LES FEUX D'ARTILLERIE DES COURTINES A DIRIGER CONTRE LES LOGEMENS DE L'ASSIÉGEANT SUR LES DEMI-LUNES OU SUR LEURS RÉDUITS, *dans les places existantes*, page 25.

Nous avons essayé de démontrer combien le tracé du front moderne, laisse à désirer pour le bon emploi de l'artillerie et pour l'efficacité de ses feux dans la défense rapprochée; mais de nouveaux tracés fussent-ils universellement reconnus comme infiniment préférables, on ne démolirait pas les places existantes pour les reconstruire; il importe donc de pouvoir corriger, améliorer autant que possible, toutes les places existantes qu'on jugerait à propos de conserver, conformément à un meilleur système de défense du territoire d'abord à adopter.

Nous avons tâché de faire voir dans quel esprit il nous semble que ces améliorations devraient être conçues, nous avons dit qu'elles devraient tendre surtout à rendre plus efficace la défense rapprochée par des abris et des ménagemens pour les garnisons, par des obstacles plus grands à opposer à l'assiégeant dans la dernière période de la défense, enfin par un meilleur emploi de l'artillerie; à ce dernier sujet, comment se fait-il que les courtines, par exemple, qui masquées jusqu'au dernier moment, sont encore intactes, jouent un si faible rôle dans la dernière période d'un siége? que les ingénieurs les plus distingués qui se sont occupés de l'armement des places, qui ont cherché à assigner à l'artillerie ses divers emplacemens, que Cormontaingne, Bousmard, le général Rogniat, etc., n'aient pas fait mention du parti à tirer de l'artillerie sur les courtines pour ruiner les logemens de l'assiégeant sur les brèches des demi-lunes *sans réduits* ou de leurs réduits *lorsqu'elles en sont pourvues?*

Pourtant, que l'on considère quels effets puissans on pourrait obtenir avec des pièces de 16 et des obusiers de 8 occupant une grande étendue de parapets jusque-là intacts! quelle facilité à empêcher, *à de si courtes distances*, les cheminemens de l'ennemi dans ces ouvrages, l'établissement de ses contre-batteries, et à ruiner, raser même ses nids de pie!

Mais il faut dire aussi que, *dans l'état actuel des choses*, on ne pourrait diriger des courtines sur les logemens et cheminemens de l'assiégeant dans les demi-lunes ou dans leurs réduits, lorsqu'elles en ont, des feux d'artillerie assez intenses et efficaces, qu'après l'abandon de ces dehors par les défenseurs qui auraient défendu de près les brèches, et que ces dehors une fois abandonnés cessant alors d'être utiles, ce serait donc en pure perte, à-peu-près, qu'on s'efforcerait de raser les logemens de l'assiégeant, si en reprenant ensuite ces ouvrages, on ne pouvait s'y maintenir bien et d'une manière utile.

Mais, ce qu'il faudrait surtout obtenir, ce serait de pouvoir, sans les quitter, se maintenir *utilement* dans des réduits encore, même après le logement sur les brèches, *en même temps* qu'on emploierait les feux d'artillerie des courtines à raser ces logemens: car de ces derniers réduits à disposer convenablement, *prenant à revers les brèches des bastions*, l'assiégeant pourrait-il occuper les bastions tant qu'on tiendrait dans ces réduits des dehors? En revenant sur cette question dans notre deuxième mémoire, nous essaierons de faire voir comment il nous semble qu'on pourrait la résoudre pour la plupart des places existantes.

NOTE F. — MOYEN SIMPLE DE BIEN DÉCOUVRIR LES TRAVAUX DE L'ASSIÉGEANT SANS GRAND DANGER D'ÊTRE ATTEINT, page 36.

Nous avons exposé, dans le texte, les inconvéniens à donner de grands commandémens aux bastions, mais on objectera sans doute qu'en faisant là la fortification rasante, on ne pourra plus découvrir aussi bien les travaux de l'assiégeant. A cette objection nous répondrons que, quels que soient les commandemens, il est assez difficile souvent de bien distinguer de dessus des remparts, les mouvemens de l'ennemi derrière des tranchées, de se rendre bien compte de la marche de ses travaux, de leurs progrès, d'en saisir l'ensemble, tandis que si, à une certaine distance en arrière des fronts, il y avait des lieux d'observation assez élevés, on pourrait de là suivre beaucoup mieux la marche des travaux, reconnaître mieux les points à battre sur lesquels les défenseurs auraient surtout à diriger leurs principaux efforts.

On a proposé l'emploi d'aérostats, mais on aurait des points d'observation plus stables, soit en élevant d'avance des colonnes à petits escaliers intérieurs, soit, au moment du siége, de simples mâts à 1,000 ou 1,200 mètres de distance des fronts d'attaque;

ces colonnes, ces mâts pourraient même être surmontés d'une petite plate-forme sur laquelle seraient tracés les ouvrages de la place et tous les travaux de l'assiégeant à mesure qu'il avancerait.

Enfin, on pourrait encore faire de petits observatoires partiels sur les casemates *mêmes* des bastions à l'aide de gabions remplis de terre formant des épaulemens assez épais et résistans pour garantir des boulets de l'ennemi; ils pourraient de plus servir au tir des fusils de rempart, etc.

NOTE G.—SUR LA DISTINCTION A FAIRE POUR LES TRACÉS D'OUVRAGES DE CAMPAGNE ET DE FORTIFICATION PERMANENTE, page 41.

Nous avons dit les motifs qui, en nous portant à supprimer les demi-lunes, ont dû nous déterminer à modifier les flancs des bastions et les lignes de défense; mais pour des ouvrages de *campagne* qui ne sont ni revêtus, qui n'obligent pas l'ennemi à faire des couronnemens de chemins couverts, ni à établir des batteries de brèche, il va sans dire qu'il n'y aurait plus, comme pour la fortification *permanente*, les mêmes raisons de faire ces modifications, puisque là ce sont bien les faces des bastions qu'il importe surtout de flanquer et les fossés qu'il faut défendre aussi avec la mousqueterie; d'ailleurs, ces bastions passagers ne comportant pas de retranchemens intérieurs, il n'y a pas d'épaulement à faire dans les fossés pour en garantir le passage, etc. *La ligne de défense* doit donc être aussi fixée dans ce cas d'après la portée du fusil; d'où il résulte que, *dans des cas aussi dissemblables, il n'y a pas lieu de soumettre les tracés aux mêmes règles et que la* FORME *des tracés en usage qui ne convient guère pour de la fortification permanente, est pourtant ce qu'elle doit être, est bien convenable pour des ouvrages de campagne.*

NOTE H. — SUR LES CAUSES QUI S'OPPOSENT AUX PROGRÈS DE L'ART DES FORTIFICATIONS, page 48.

Il serait superflu d'insister ici sur l'importance, sur la nécessité des places fortes, nécessité qui, aux yeux de tous, serait plus évidente, si par une meilleure distribution, par des emplacemens bien choisis et par une force plus grande, ces places *en moindre nombre* pouvaient concourir mieux à la défense du territoire.

Sans doute, la *science* de la fortification a fait des progrès, mais sans que ces progrès aient contribué bien sensiblement à faire avancer *l'art*, à rendre les places plus fortes, la défense moins périlleuse, plus facile, plus longue, ou mieux, plus décisive. La science a gagné sous le rapport des proportions, de la précision dans les formes, dans les levés, dans les défilemens, dans les devis; en un mot les choses secondaires, les détails sont traités plus savamment, sans que les tracés aient cessé d'être assujettis aux mêmes erremens. Ainsi, parce qu'on a peut-être suivi, avec trop de scrupule, les traces de grands maîtres, malgré les travaux de Cormontaingne et de ses successeurs, les moyens de la défense *sont restés bien inférieurs* à ceux de l'attaque.

Au milieu de si grands changemens dans les choses et de ce mouvement si rapide, de cet essor prodigieux de l'industrie qui a fait tant de progrès, comment se fait-il que le système *classique* de fortification réponde encore si peu aux besoins les plus pressans de la défense ?

Ainsi que nous l'avons déjà dit, page 45, c'est bien à l'industrie plutôt qu'à la science qu'il faut demander les moyens de rendre des fortifications plus fortes, mais il s'en faut qu'il y ait ici le même stimulant que dans l'industrie civile, et combien n'y a-t-il pas plus d'entraves?

En thèse générale : *toute amélioration matérielle ne peut d'abord être que le résultat d'efforts individuels;* c'est bien vainement qu'on nommerait des commissions pour chercher et obtenir des *perfectionnemens*, car des commissions ne peuvent être propres qu'à *apprécier* les innovations; cela posé, qu'on compare ce que peuvent des efforts individuels dans les deux sortes d'industrie *bourgeoise* et *militaire* : là, l'individu stimulé autant et plus par son intérêt propre que par la perspective de se rendre utile, dispose de tous les moyens nécessaires pour s'assurer d'abord par des résultats, de la réussite de ses projets; il peut faire et refaire ses essais, les modifier et s'il réussit, la loi en lui garantissant dans l'intérêt public et comme encouragement, la propriété de sa découverte, lui en assure *en même temps* l'honneur et les premiers avantages; ici, outre que nul intérêt immédiat n'est engagé, bien souvent il n'y a pas moyen de justifier par des faits, par des résultats, la *réalité* des améliorations, il faut se borner à exposer ses idées, à les représenter sur des feuilles de papier, feuilles trop légères pour ne pas être exposées à être le jouet de petites passions; il y a donc là double satisfaction à espérer, tandis qu'il ne s'agit guère ici que de l'intérêt général et d'innovations dont on pourra trouver moyen de contester l'importance tant que l'expérience ne les aura pas sanctionnées par des applications souvent trop coûteuses pour que le gouvernement lui-même puisse immédiatement se décider à les faire exécuter. Déjà, on voit que, par ces motifs, la science a pu progresser, et l'art des fortifications rester stationnaire ; mais les considérations générales que nous présentons, en ce moment, s'appliquent également aux deux armes de l'artillerie et du génie.

Quelque importantes que puissent être des découvertes qui ne se rapportent qu'à l'intérêt général, il n'y a donc ici ni loi qui les protége, ni garanties qui assurent que ces découvertes profiteront au gouvernement pas plus qu'aux auteurs : mais au lieu d'être encouragés, faut-il pourtant que les novateurs qui ne sont pas doués d'une grande souplesse, s'attendent plutôt à des dégoûts et à bien des tribulations, comme si le travail, le mérite ne pouvaient pas avoir aussi de la dignité même dans la carrière militaire qui exige impérieusement et avant tout, *dans le service*, la plus grande subordination ?

La dignité du travail et la subordination la plus aveugle en fait de service, seraient-elles donc inconciliables ? Non, il n'y a pas, il ne doit pas y avoir incompatibilité entre ces deux choses ; mais il faut qu'elles soient également bien appréciées par les chefs et par leurs subordonnés.

Nous venons de faire la part des intérêts et de ce que peuvent de simples convictions individuelles les mieux fondées, mais que n'y aurait-il pas à dire *de la force d'inertie* qu'il faut vaincre et qui oppose des barrières d'airain aux améliorations même les plus évidentes dans l'intérêt de tous, mais dans l'intérêt de personne en particulier ? Ici, s'agit-il même de besoins pressans et qui puissent être bien sentis ? Non, ils se rapportent à un état de guerre éventuel, non probable, éloigné et l'on est en paix, on peut ajourner ; puis, la guerre venue, alors y a-t-il même à songer à faire des essais, des expérimentations ?

Sans insister encore sur d'autres considérations générales, qu'on nous permette cependant de faire voir que, dans la question qui nous occupe plus particulièrement, la cause qui a le plus contribué jusqu'à présent à ce que d'importantes, d'essentielles modifications n'aient pas été introduites dans le tracé des fronts bastionnés, tient à la part trop faible faite à l'artillerie que des ingénieurs prétendent même n'être pas l'agent principal de la défense. Les puissans effets que l'artillerie pourrait produire dans la défense, auraient-ils été ainsi méconnus, et les fortifications permanentes nouvelles n'auraient-elles pas déjà pu être mieux appropriées à l'emploi de ce formidable agent, si les deux corps de l'artillerie et du génie ne formaient qu'un seul et même corps? Il est donc permis de croire que *la séparation de ces deux armes est une des causes principales de l'état stationnaire de l'art des fortifications;* en effet :

Ainsi que nous l'avons dit et répété, les puissans effets des bouches à feu sont en eux-mêmes incontestables et s'ils ne contribuent pas à rendre la défense plus efficace, la cause doit en être attribuée aux fortifications *seules* dont le tracé ne se prête pas à un meilleur emploi de l'artillerie; il faut donc de toute nécessité que les grands effets que l'artillerie pourrait produire, soient mieux appréciés, qu'on en tienne bien compte et qu'en conséquence le tracé des fronts bastionnés subisse d'essentielles modifications; mais pour que de telles modifications puissent être généralement reconnues nécessaires, pour qu'elles puissent enfin prévaloir, il faut que deux corps rivaux qui ont tant de points de contact, qui se pénètrent dans l'attaque et dans la défense des places et qui n'en devraient faire qu'un, aussi bien dans l'intérêt des services que par raison d'économie, il faut que ces deux corps soient d'abord réunis et que *la fortification ne soit qu'une spécialité* DE PLUS *à ajouter aux autres spécialités* qui se rapportent à la construction et à la fabrication de tout le matériel de guerre, *toutes ces spécialités distinctes comme tous les travaux de l'attaque et de la défense des places, devant, dans l'intérêt des services, être soumis à une* SEULE *et* MÊME *impulsion.* C'est à cette condition que de grandes et de véritables améliorations seront désormais possibles dans les moyens de défense des places, car encore une fois ces grandes améliorations doivent surtout résulter de dispositions meilleures à adopter pour l'emploi plus efficace de l'artillerie.

En consultant l'histoire, on voit que déjà le marquis de Valière (fils), général d'artillerie distingué par les services qu'il avait rendus dans différens siéges, avait opéré la réunion des deux corps en 1755 sous le ministère du comte d'Argenson et que cette réunion ne dura que jusqu'en 1758. Depuis, Gribeauval, après de longs services, après avoir dirigé lui-même au siége de Glatz et à la défense de Schwednitz, les travaux de l'artillerie et du génie, se proposait, de concert avec le général du génie de Bourcet, de réunir encore les deux corps, lorsqu'en 1771 les circonstances mirent fin à ce projet ; et puis, en 1790, alors que les plus hautes questions étaient agitées au sein de l'Assemblée nationale, cette grande assemblée s'occupa aussi de la réunion de l'artillerie et du génie, et la mesure *reconnue utile* ne fut ajournée encore et remise à des temps plus propices qu'en considération *seule* des circonstances critiques dans lesquelles on se trouvait.

Si ces tentatives n'eurent pas de suite, elles prouvent du moins que la non-réussite d'un premier essai n'avait exercé aucune influence sur l'opinion des officiers des deux corps les plus capables de bien apprécier les choses, comme on peut le voir aussi dans les *considérations sur le corps du génie*, publiées alors par Bureaux de Puzy, officier du génie, membre de l'Assemblée nationale.

Déjà en 1789, le général du génie d'Arçon, plaidait aussi pour la réunion et il la proposait même sur des bases beaucoup plus larges, puisque suivant lui, les corps d'artillerie de terre, de mer, ceux du génie et des géographes ne devaient plus former qu'un seul corps. Mais le général d'Arçon voulait une administration *secrète* et des officiers *ordonnateurs* et *détailleurs*, n'appréciant pas assez que là où les services et le mérite doivent apparaître seuls *et seuls être comptés*, toute distinction en dehors de ces justes titres et *tout secret* ne pourraient produire que de très mauvais effets.

« L'expérience de la réunion *essayée au début d'une guerre*, di-
« sait le général d'Arçon, loin de prouver contre la bonté de la
« mesure, servit en l'examinant de plus près, à en confirmer les
« avantages, puisque, malgré les circonstances défavorables, on ne
« put citer aucun événement où le service en ait souffert. »

Maintenant, en tenant compte de ces données de l'histoire, des expériences faites, des temps, de l'instruction et de l'aptitude relatives des officiers à ces époques et à la nôtre, des exigences des divers services et des considérations d'économie, la réunion serait-elle de nos jours admissible ? serait-elle bien avantageuse sous le rapport des divers services à remplir et sous celui des économies que l'on pourrait obtenir ? enfin, comment la réunion devrait-elle être faite ?

Ce n'est pas dans une simple note déjà trop longue, que de pareilles questions pourraient être bien traitées, bornons-nous à dire que déjà en 1803, par la réunion à Metz des deux écoles d'application de l'artillerie et du génie, de Châlons et de Mézières, depuis plus de 40 ans, on a préparé la voie, que d'ailleurs pour procéder pendant ces temps de paix à la réunion, il ne s'agirait même pas d'intervertir aussitôt les rôles, comme on le fit en 1755, plus à tort encore, puisqu'alors les études étaient plus bornées, plus spéciales; les artilleurs ne seraient pas pour cela chargés aussitôt des fonctions des ingénieurs, ni ceux-ci des devoirs des officiers d'artillerie : tout en conservant la masse des officiers et à leur gré dans leurs spécialités, la réunion pourrait s'effectuer d'abord par les deux bouts, par les comités des deux corps et par les élèves sous-lieutenans ; d'une part par MM. les lieutenans-généraux qui ont atteint les grades les plus élevés et même avec des attributions encore temporairement distinctes, d'autre part par les plus jeunes officiers qui commencent et qui après avoir servi dans les régimens, seraient ensuite, en avançant en grades, indistinctement employés dans les divers services. Ainsi, ce ne serait qu'au bout d'un certain temps que pourrait être complète cette fusion commandée par la force des choses.

Est-ce à dire qu'on pourrait parvenir à former des officiers à *toutes mains*, capables également de construire des fortifications et de diriger les travaux des arsenaux, des fonderies, poudreries, manufactures d'armes, forges, etc., etc.? Assurément, il faudra, en principe, conserver encore des spécialités indispensables pour assurer la marche régulière et progressive des établissemens et comme garanties de la bonne exécution de tous les grands travaux de construction et de fabrication; mais, à part quelques officiers que leur goût prononcé, que leur aptitude toute particulière porteront de préférence vers ces spécialités nécessaires et rendront plus propres à les diriger avec avantage, l'instruction *théorique* déjà acquise dans les écoles et les connaissances *pratiques* que les jeunes officiers puiseront, en passant dans les divers établissemens, les mettront sans aucun doute en état de remplir leurs différentes fonctions à-la-fois dans un intérêt mieux entendu des services et dans l'intérêt propre des officiers eux-mêmes qui, dans une carrière plus large embrassant les causes et leurs effets, pourront alors donner un essor plus libre, plus utile à leurs talens.

NOTE I. — SUR L'UTILITÉ DES LUNETTES, page 55.

Les lunettes, qui, dans notre système, remplacent les demi-lunes, ont un rôle important, d'abord dans la défense éloignée, puisqu'elles contribuent alors à étendre les feux de la place, à les porter au loin, à prendre des enfilades, et que, dans la défense rapprochée par leur saillie elles procurent de *premiers* rentrans, qui obligeront l'assiégeant à s'emparer d'abord de ces lunettes avant de pouvoir couronner les chemins couverts de bastions. Après leur occupation l'ennemi ne pouvant même en tirer parti que difficilement contre la place et sans s'exposer à y être écrasé, elles serviront plutôt à le gêner encore dans ses travaux ultérieurs, à resserrer les espaces, les emplacemens convenables pour les batteries qu'il faudra pourtant bien que l'assiégeant tâche de construire en-deçà de sa troisième ou plutôt de sa quatrième parallèle contre nos principaux flancs appelés à jouer un si grand rôle dans la défense rapprochée, batteries d'autant plus difficiles à établir et à maintenir qu'elles seront en prise et aux feux directs de ces flancs, et aux feux d'une partie des courtines, et même aux feux d'enfilade partant des autres fronts.

Cependant, la grande importance des lunettes sera subordonnée à la force des fronts, qui dépendra elle-même de leur étendue et du nombre de côtés de la place, ou plutôt de l'ouverture de leurs angles. Nécessaires pour augmenter la puissance des fronts dont les côtés extérieurs ne seront pas bien ouverts, les lunettes pouvant être portées plus en avant pour les petits polygones, ou bien être mieux flanquées, elles seraient alors plus soignées, à raison de leur importance, avec des casemates au moins à leurs saillans et à leurs épaules, et pourvues encore de *doubles* ou *simples* réduits; mais leurs réduits d'abord, puis elles-mêmes devenant moins nécessaires, à mesure que les côtés extérieurs auront plus d'ouverture, elles cessent d'être *aussi* utiles pour des fortifications dont les côtés extérieurs se rapprocheront de la ligne droite, parce que, dans ces cas, les fronts deviennent plus puissans par eux-mêmes, et qu'alors il y aurait même plus de difficulté à porter *assez en avant* des lunettes qui pour des fronts de 500 mètres *seulement* d'étendue, fussent encore bien flanquées par les faces des bastions (1).

Mais en avant de ces fronts déjà vastes et profonds qui croiseraient de tous les points leurs feux sur les approches, les lunettes seraient remplacées plus simplement encore aux pieds des glacis

(1) Nous avons insisté, page 67, sur les avantages à étendre les fronts; ici, sur des fronts de 600 mètres en ligne droite, il y aurait bien moyen d'ajouter aussi des lunettes, s'il fallait, *sur quelques points*, rendre la résistance *encore plus* grande.

par de simples épaulemens, par des gabionnades propres à couvrir des pièces destinées à contrarier les cheminemens éloignés de l'ennemi, à prendre des enfilades, des revers, et à battre surtout les têtes de sape des assiégeans.

« On se portera au pied des glacis pour prendre de senfilades et « des revers; car pourquoi ce qui est possible à l'assiégeant serait-« il impraticable à l'assiégé? Où est la difficulté de faire, à force de « gabions et de fascines, à couvert des feux des tranchées, des em-« placemens pour deux ou trois pièces qui, à la pointe du jour, « raseront les têtes de sape? En un mot, je ne vois rien en ce genre « qui ne puisse s'exécuter avec du zèle, de l'intelligence et de l'ac-« tivité. » (*Essai sur l'usage de l'artillerie*, par Du Puget, page 241.)

Mais si de telles dispositions peuvent être admises pour les fortifications existantes, combien, à plus forte raison, ne le seraient-elles pas dans notre système, puisqu'elles pourraient être mieux protégées et que des communications sûres et faciles seraient toujours maintenues avec le corps de place, qu'enfin les emplacemens présumés les plus convenables pourraient même être ébauchés à l'avance.

NOTE K. — SUR LA COMPOSITION DES GARNISONS, page 57.

Nous avons dit que les garnisons sont l'âme de la défense des places; il ne faudrait pourtant pas conclure de là que des troupes réglées, aguerries devraient *seules* être chargées de la défense des places, car les défenseurs ont à remplir plusieurs fonctions qui comprennent tous les travaux des places en état de siége, les dispositions préparatoires, et les services de l'artillerie, de la mousqueterie, et puis les sorties, les actions de vigueur. Or, il faudrait des arrangemens tels, que ce ne fût que pour les actions de vigueur et pour la garde *en partie* des fronts hors des attaques, que des soldats devinssent nécessaires, parce qu'ils sont exercés, plus aguerris, disciplinés, toujours plus sur leur garde, et qu'ils sont appelés *par état*, à se mesurer de près, corps à corps avec l'ennemi; il faudrait que, par des dispositions convenables, les troupes de ligne n'eussent pas d'autre rôle dans la défense des places, tous les travaux simplifiés, réduits à leur plus petite expression, les services des remparts, des dehors, de l'artillerie et de la mousqueterie pouvant, dans notre système, et devant par conséquent être confiés aux vétérans et aux bataillons de *volontaires* tirés de la garde nationale; et si, comme nous avons dit, les garnisons sont l'âme de la défense, les soldats ne seraient que la partie la plus vive ou l'âme des garnisons, en sorte que celles-ci absorberaient bien moins de troupes réglées; alors *quelques* bataillons jetés dans les places *menacées*, pourraient suffire et les armées seraient d'autant moins affaiblies, épuisées par les détachemens à fournir pour les garnisons, que les places seraient moins nombreuses et qu'elles exigeraient moins de troupes réglées pour les défendre (Voir *Fronts hors des attaques*, page 78.)

NOTE L. — APPRÉCIATION DES OBJECTIONS DIVERSES QU'ON PEUT FAIRE CONTRE LES CASEMATES ET CONTRE LES AUTRES ABRIS POUR LES TROUPES, page 60.

Des diverses objections que l'on fait ou que l'on peut faire contre les casemates, nous pourrions écarter déjà celles qui se rapportent *soit* aux difficultés du service, puisque nos casemates ne seraient pas *étagées* les unes au-dessus des autres, mais toutes de plein-pied sur les remparts, *soit* au peu de résistance et aux dangers que la maçonnerie des faces présenterait par l'effet des coups directs, puisque, à raison de nos grands cintres évidés, la maçonnerie des faces serait masquée par des massifs de bois qui, *seuls* borderaient les créneaux, et que les terres des merlons recouvriraient d'ailleurs suffisamment le reste de la maçonnerie.

Mais nos casemates se rapprochent beaucoup des batteries *blindées* et *l'on ne doit en général*, dit-on, *établir ces dernières batteries que dans des positions où elles ne soient pas en prise aux feux directs de l'attaque* (*Aide-mémoire* de 1844, page 370).

Ainsi, dans nos casemates, l'artillerie qui ne pourrait plus être exposée qu'aux feux directs, aurait donc plus à craindre ceux-ci, que si elle tirait par de simples embrasures! Assurément, ce ne serait pas parce que l'ouverture des embrasures serait plus petite et que les côtés seraient garantis encore par de fortes épaisseurs de bois dur; ce ne serait non plus, *dans notre cas*, parce que l'ennemi ne pourrait contre-battre l'artillerie de nos casemates que de grandes distances; la raison *bien faible* qui nous semblerait encore admissible ici, serait que les créneaux ombrés pouvant former des points de mire plus distincts, ils serviraient à l'assiégeant pour mieux pointer ses pièces; mais si cela était, à l'aide des portières mobiles, d'ailleurs nécessaires contre la fumée, on parerait suffisamment à cet inconvénient.

Mais on peut objecter contre l'emploi des casemates :

1° Que la fumée les rendrait inserviables;

2° Que le champ de tir serait trop limité;

3° Que, par l'effet seul des détonations, il y aurait des commotions, des ébranlemens dangereux dans les maçonneries des voûtes;

4° Que ces abris contribueraient plutôt à énerver la défense;

5° Que les merlons n'ayant pas assez d'épaisseur, de consistance, les embrasures seraient bientôt dégradées par le feu de l'ennemi;

6° Qu'enfin, les casemates, quoique ici plus simples, exigeraient encore de grandes dépenses, des fondations extraordinaires pour leurs pieds-droits.

Fumée.

Remarquons d'abord que nos casemates devant être pleinement ouvertes par derrière, et établies dans les mêmes conditions à-peu-près que les batteries blindées, si déjà on a reconnu qu'ici la fumée n'est pas un empêchement, elle ne le serait pas plus, et encore moins pour nos casemates : par le fait de l'allongement des canons de place, et par le fait de notre mur de face évidé en cintre qui permettrait d'avancer davantage les pièces *en batterie*, et par le fait encore de la hauteur de nos voûtes de 3 mètres au lieu de 2 mètres 30 (hauteur du plafond des batteries blindées), enfin par l'emploi des portières mobiles, on se garantirait donc de l'inconvénient de la fumée *provenant de l'explosion* (1). Mais on pourrait de plus se garantir de la fumée *provenant du crachement de lumière*, si elle incommodait, en employant les amorces fulminantes : à cet effet nous avons indiqué un moyen bien simple, *fig.* 12; par ce moyen, ou par tout autre meilleur qu'on trouverait sans doute, il n'y aurait donc plus guère sujet de craindre l'inconvénient de la fumée : les casemates ouvertes par derrière, ne devant d'ailleurs avoir que 7 mètres environ de longueur bien suffisante pour des affûts de place sur leurs châssis.

Enfin, rentrerait-il un peu de fumée dans les casemates par l'effet de rafales et malgré les portières, on s'en débarrasserait

(1) Le champ de tir étant ici plus restreint qu'en plein air, le petit châssis pourrait aussi être plus rapproché de l'embrasure, et il en résulterait que la saillie des bouches à feu serait encore plus grande.

encore à l'aide d'un simple tuyau en fonte de 0,25 de diamètre à incruster dans la maçonnerie du cintre de voûte en avant; par ce tuyau de 2 mètres de hauteur au moins, il s'établirait un courant d'air, etc. Il y aurait un autre moyen encore d'arriver au but pour les casemates des saillans, et pour les casemates *jumelles* espacées et servant en même temps de grandes traverses, en leur donnant sur l'arrière plus de largeur; alors les cintres des voûtes iraient en s'élevant et par l'inclinaison de leur clef du dehors au dedans, le peu de fumée pourrait s'écouler, etc. Dans notre deuxième mémoire nous aurons occasion de revenir encore sur ce sujet.

Champ de tir trop limité.

Cette objection ne paraîtra pas mieux fondée, si l'on veut bien remarquer:

1° Que par le grand développement de nos fronts, par les directions diverses des faces et des flancs casematés et par celles des courtines brisées, les feux de l'enceinte pourront aisément se croiser sur tous les points;

2° Que dans notre système de fortification, les points à battre devant se trouver toujours à de grandes distances, le champ de tir de chaque casemate, quoique resserré *de près*, aurait encore *au loin* assez d'étendue et que ce ne serait qu'*au loin* qu'on aurait à contre-battre les batteries de l'assiégeant;

3° Que les points *principaux* à battre étant connus d'avance, rien n'empêcherait même de disposer les casemates de manière à pouvoir diriger le plus de feux sur ces points (1);

4° Qu'enfin les bastions pourraient ne pas être entièrement garnis de casemates, qu'au lieu d'occuper ainsi leurs faces sur toute leur longueur, par raison d'économie *et même de convenance* pour pouvoir mieux battre les têtes de sape et prendre d'enfilade les batteries de l'assiégeant, il suffirait *pour se couvrir* d'établir une ou deux casemates au saillant dans la direction des capitales, puis de disposer, de chaque côté, sur les faces, les parapets sur une longueur de 12 à 13 mètres pour deux pièces de place qui seraient au moins là garanties contre les ricochets, par les casemates des

(1) C'est ce qui nous a porté à courber nos flancs principaux, en admettant qu'ils fussent entièrement casematés; ces courbures doivent fournir matière à une discussion intéressante que nous sommes obligé de renvoyer à notre deuxième mémoire, comme objet de détail.

saillans *servant alors de bonnettes* et pouvant encore abriter par momens contre les feux verticaux, les canonniers des deux pièces à découvert. Ainsi on aurait un champ de tir libre pour quatre pièces de droite et de gauche; plus loin des casemates encore et accouplées ou, si l'on veut, de grandes traverses casematées, espacées, et dans les intervalles, *les crêtes intérieures des parapets et plates-formes abaissées par degrés et parallèlement, les joues des embrasures de hauteur inégale*, etc., etc., comme nous le dirons dans notre deuxième mémoire; mais, dans ces cas, avec l'inconvénient de perdre la place (3 à 4 mètres) qu'il faudrait consacrer aux terres nécessaires pour garantir du côté de l'ennemi, les pieds-droits en maçonnerie de ces grandes traverses (1).

Commotions, ébranlement de la maçonnerie des voûtes, par suite de détonnations répétées.

Nous savons assez, par notre propre expérience, quels ébranlemens peut produire la détonnation de la poudre dans des bouchés à feu trop courtes qui seraient employées dans des bâtimens; cet effet pourrait ne pas être borné au détachement de quelques rejointemens et de quelques pierres, mais suivant la disposition des locaux, une détonnation répétée pourrait même occasionner la chute *subite* du bâtiment entier (2).

(1) Mais en construisant des casemates aux saillans des bastions, il n'y aurait donc plus moyen de tirer à barbette de ces saillans sur les assiégeans au loin, et de chercher à les atteindre partout dès qu'ils se présenteraient devant la place jusqu'au moment où ils auraient établi leurs premières batteries! Sans doute ce champ de tir indéfini est alors avantageux pour l'assiégé et sans danger pour lui; par ces raisons nous employons aussi les barbettes, mais plus avantageusement encore, parce que plus avancées dans les dehors, comme nous le disons page 102, *fig.* 13, elles forceront l'ennemi à commencer plus loin ses travaux, et nous aurons l'avantage d'avoir dans le corps de place moins de travaux à faire, et des moyens plus stables et plus efficaces, car nos casemates des saillans seraient armées dès le commencement d'obusiers tirant sur les capitales, ricochant les communications en zigzags des assiégeans sans que ces casemates puissent être bien tourmentées durant le siége, et même sans grands dangers pour nos servans, puisque le fond des embrasures là, en contre-pente sur les parapets, masquerait entièrement l'ouverture des créneaux.

Pour les fronts hors des attaques, *voir* page 80.

(2) Voir le *Spectateur militaire*, mois d'août, 1838.

Mais ici la disposition des voûtes en plein cintre et l'évidement pratiqué dans le mur de face, les bouches à feu plus longues destinées à l'armement des places et leur emplacement disposé de telle manière que, dans le tir, la détonation aurait lieu au-dehors et que la commotion serait amortie encore par le massif de bois bordant les créneaux, toutes ces choses ne doivent laisser aucune crainte que les casemates pussent souffrir du tir des bouches à feu.

Néanmoins, il semble que, pour l'armement des places, les obusiers de côte seraient ici préférables aux obusiers de 8 *de siége* sous divers rapports, notamment sous celui de leur longueur bien plus grande et que dût-on, surtout aux saillans de nos bastions, déserter, *en face*, les chemins couverts, pendant le tir d'obusiers plus longs, pour éviter les dangers des éclats de sabots, il y aurait encore à préférer ces obusiers; enfin n'y aurait-il donc aucun moyen d'éviter l'emploi des sabots, par exemple, à l'aide de cuillers saisissant la fusée de l'obus etc., etc.?

Des abris pourraient-ils contribuer à énerver la défense?

D'abord, on ne saurait prétendre que la défense fût énervée parce que le matériel serait beaucoup mieux garanti contre les feux de l'ennemi et qu'on pourrait compter sur son service pendant toute la durée du siége; sous ce rapport, les casemates seraient donc nécessaires, indispensables; mais il y aurait à craindre, dira-t-on, que les défenseurs blottis dans des casemates, dans des galeries crénelées, ou sous des blindages, fussent moins disposés à braver les dangers: à ce sujet les souffrances que les défenseurs éprouvent des injures du temps, les périls auxquels ils sont exposés sans cesse et sans profit, et l'aspect de pièces démontées, d'affûts brisés, de parapets bouleversés, sont-ils donc bien propres à soutenir leur courage? Se défend-t-on mieux quand les coups qu'on reçoit, on ne peut les rendre?

En définitive, des pertes bien plus grandes en hommes et en matériel, n'affaiblissent-elles pas de toutes manières et le chiffre et le moral des garnisons et les moyens de défense? Enfin, si l'on consulte l'expérience, voit-on que parce que, nulle part, on n'a de bons abris dans les places existantes, pour cela on puisse mieux se défendre?

D'ailleurs, il y a deux parts à faire des défenseurs, comme nous l'avons déjà dit dans la note K : pour le service proprement dit de la place et pour les actions de vigueur, services distincts à confier, l'un à des troupes moins aguerries et l'autre à des soldats, services qui n'exigent pas le même élan, la même énergie; et s'il convient de bien assurer les services qu'on doit attendre de gardes nationaux, de vétérans, combien ne serait-il pas nécessaire de ménager aussi des soldats, de conserver leur vigueur pour mieux les employer à propos? Abrités dans des galeries ou sous des blindages dans les dehors, bien pourvus, toujours dispos, quand les barrières leur seraient ouvertes pour prendre, à la voix de leurs chefs, leur essor, peut-on admettre que des soldats français et même des *volontaires* en foule manquassent à l'appel pour des actions de vigueur?

Les merlons, couvrant en très grande partie les murs de face des casemates, n'auraient pas assez d'épaisseur et seraient bientôt effacés par les feux de l'assiégeant.

A réduire la largeur des casemates, on trouverait à la vérité les avantages de pouvoir en augmenter le nombre sur la même étendue et de donner plus de force à des voûtes de *même* épaisseur; mais le champ de tir serait ainsi plus borné et les merlons deviendraient en effet trop minces; il doit donc y avoir des limites à observer, en tenant compte des besoins de la défense et du grand développement de nos faces et de nos flancs, qui permettraient de donner aux casemates toute la largeur qu'on jugerait convenable. En fixant, par exemple, même comme limite inférieure, à 5 mètres d'axe en axe, la largeur des casemates, et à 14° le champ de tir, les merlons auraient encore leur épaisseur la plus grande de 4,50, et la plus faible de 2 mètres; les talus extérieurs étant faibles et les joues revêtues, il y aurait d'autant moins à craindre de grandes dégradations qu'on aurait soin de masquer les embrasures en les remplissant en partie de sacs à terre, etc., et de les maintenir ainsi tant qu'on ne s'en servirait pas. Nous pourrons au reste reprendre et discuter plus à l'aise cette question dans notre deuxième mémoire.

Enfin, *les casemates seraient trop dispendieuses pour être admises.*

S'il est indispensable de mettre à l'abri des feux de l'ennemi les défenseurs et le matériel d'une place assiégée, comme on est forcé de le reconnaître, et si les casemates *seules* peuvent en offrir les moyens, comment pourrait-on alors regarder plus à cette dépense qu'à celles qu'on fait pour d'autres ouvrages, pour des revêtemens, etc. ? Ainsi que nous l'avons déjà dit, ce n'est pas sur ce qui pourrait contribuer beaucoup à augmenter la force des places, mais plutôt sur le nombre des places elles-mêmes, qu'il faudrait faire porter les réductions, les économies.

Au reste, sur chacun des fronts, suivant qu'ils seraient plus ou moins exposés à être attaqués, le nombre des casemates pourrait être limité : d'abord il n'y en aurait point sur les courtines et souvent sur les flancs et presque toujours sur les faces des bastions, elles ne figureraient que comme *bonnettes*, comme grandes traverses voûtées.

Dans l'état actuel des choses, on reconnaît déjà combien il serait utile d'avoir des batteries blindées, mais en les comparant avec nos casemates, nous avons vu, dans le texte, ce que valent relativement ces batteries étroites, avec merlons sans consistance et avec un champ de tir trop borné. Indépendamment du temps, des embarras et des grandes fatigues que ces batteries exigent, *pendant un siége*, pour leur construction, entretien, réparations, qu'on veuille bien les apprécier encore *sous le rapport des dépenses :* on verra que les bois équarris seuls (30 mètres cubes par pièce de canon blindée), à 80 fr. le mètre cube, feraient déjà 2,400 francs qui seraient au plus le prix de revient d'une de nos casemates; mais ce qui est bien à considérer encore, c'est que pour les batteries blindées, si on les admettait en principe, il faudrait *de plus* tenir compte *et* de la valeur des magasins *immenses* nécessaires pour remiser en temps de paix tant de bois débités, *et* des déchets, du dépérissement de ces bois pendant de longues années, tandis que les casemates, en temps de paix, *serviraient elles-mêmes de magasins*, non-seulement pour le matériel de la place, mais encore pour divers approvisionnemens, et même comme greniers d'abondance, qui seraient d'ailleurs si profitables en temps de guerre et pour les garnisons et pour les armées; ainsi l'on voit quelle grande économie de constructions, de locaux, et même de transports, procureraient des casemates comparées aux batteries blindées, puisqu'une partie du matériel pourrait même rester sur place dans ces casemates, et que les forteresses seraient ainsi bientôt armées, approvisionnées.

Enfin, en tout temps, les casemates pourraient être utiles : *en temps de paix*, aux populations comme greniers de réserve servant à maintenir les prix des céréales à des taux moins élevés, réserves plus utiles encore *en temps de guerre* pour faire vivre les garnisons et les armées.

Objecterait-on encore que ces casemates construites sur des remparts plus élevés, comme ceux de nos principaux flancs, exigeraient des fondations très profondes pour leurs pieds-droits, mais dans ces cas, par des empatemens assez larges en béton, comme on le voit *fig.* 8, ne pourrait-on pas se dispenser de faire de profondes fondations, surtout si l'on donnait aux terres le temps de se rasseoir, en se bornant d'abord à ne faire ou que les pieds-droits ou seulement leurs fondations

En résumé :

C'est parce que nous considérons les casemates comme devant contribuer beaucoup à relever la défense, que nous avons dû aussi longuement discuter les objections qu'on peut faire contre elles et tâcher de faire surtout ressortir mieux toute l'importance de ces abris pour l'artillerie.

NOTE M. — SUR L'EMPLOI *des volans* COMME ARMES DE PROJECTION DANS LA DÉFENSE RAPPROCHÉE, page 66.

Il y a dix-sept ans déjà, en 1827, nous avions proposé l'emploi de simples volans pour lancer, en ligne courbe, en très grande quantité, des projectiles à des distances de 180 à 200 mètres et plus sur des points donnés, *dans la défense rapprochée des places fortes.*

On aura une idée de l'UTILITÉ, de l'ÉCONOMIE et même de la SIMPLICITÉ de ce nouveau moyen, en se représentant un volant de 6 à 7 mètres de diamètre et d'un grand poids, armé à sa circonférence d'une palette rigide en acier convenablement trempée, volant faisant *jusqu'à deux tours par seconde* à l'aide d'un simple engrenage. A ce volant serait adaptée une trémie qui lui distribuerait les projectiles à mesure qu'ils seraient enlevés et projetés par la palette.

Ainsi, *en une minute,* 120 projectiles pourraient être lancés à 200 mètres de distance et il suffirait de l'action utile *d'un seul* volant pendant 8 *minutes* pour porter sous 45° environ jusqu'à la parallèle la plus proche, 960 projectiles.

A l'aide de l'engrenage déjà mentionné, quatre hommes pourraient même imprimer au volant la vitesse nécessaire pour projeter de grosses balles en fonte de fer, *rebattues,* du poids de 0,50 kil., qui, soumises toutes au même choc, auraient *sensiblement* la même direction, la même portée pour chaque vitesse qu'on donnerait au volant et seraient *bien plus que suffisantes,* par leur masse et leur vitesse, pour mettre hors de combat les hommes qu'elles atteindraient dans les tranchées (1).

Ces volans seraient placés dans les ouvrages et là dans les positions les plus convenables pour produire les meilleurs effets contre les assiégeans, dans leurs sapes rapprochées, dans les couronnemens des chemins couverts, etc. Pour que ces machines ne fussent nullement exposées et qu'elles ne gênassent point le service des remparts, elles seraient installées dans des casemates enfoncées qui n'offriraient qu'une petite ouverture masquée jusqu'au dernier moment et ne pouvant même alors être en prise qu'aux feux verticaux de l'ennemi.

Nous avons indiqué un de ces emplacemens à la gorge des bastions dans la *fig.* 4, en i; les réduits des places d'armes B, *fig.* 2 et 3, et A, *fig.* 4, pourraient aussi leur convenir en établissant là les casemates sous les parapets, etc.

Enfin ces volans et leur engrenage seraient disposés de manière qu'on pourrait changer aussi à volonté *la direction* des projectiles, comme on changerait *leur portée* en modifiant la vitesse des volans.

Un avantage précieux de cette nouvelle arme qui ne pourrait d'ailleurs servir que pour la défense et à son profit seul, consisterait en ce qu'on pourrait *faire pleuvoir* PAR INSTANS sur des surfaces données, des quantités considérables de projectiles : *deux* volans *en huit minutes* pourraient couvrir les portions circulaires, les sapes debout ou les batteries de brèche, contre-batteries, de plus de 1,900 projectiles !

Outre que la portée serait plus grande que celle des pierriers, qui n'est que de 100 à 150 mètres (2), il n'y aurait *nulle compa-*

(1) Les volans servent de réservoir de force par leur masse et leur vitesse *acquise;* ainsi, quatre hommes suffiraient ici, *d'abord*, pour leur imprimer la vitesse nécessaire et puis pour entretenir cette vitesse quelques instans seulement, lorsque le volant fonctionnerait utilement en lançant avec rapidité de lourdes balles dont le poids ne serait cependant que 1/5,000 environ de celui du volant.

(2) En supposant qu'un volant de 7 mètres de diamètre (palette comprise) fasse jusqu'à deux tours par seconde, il n'aurait guère, dira-t-on, à sa circonférence qu'une vitesse de 43 mètres; et comment alors concevoir que les projectiles pussent avoir dans ce cas une portée de 200 mètres *et plus*, pour

raison à admettre entre ces moyens, ni pour la promptitude du service, ni pour les effets utiles : car le panier du pierrier contenant, terme moyen, 35 pierres, il faudrait 27 pierriers pour lancer à-la-fois 960 pierres, ou 14 pierriers au moins, *en supposant* qu'on pût tirer à-peu-près 2 coups en 8 minutes. Si l'on ajoute que les pierriers ne produisent quelque effet utile que sur des buts *d'une très grande étendue*, et que d'après des expériences citées par M. Piobert dans son *Traité d'artillerie*, page 211, 25 coups de pierriers contenant ensemble 900 pierres tirés à la charge de 0,75 kil. de poudre, *sur un but* de 120 mètres de long et de 2,35 de large, dont le point milieu était à 140 mètres du pierrier, ce but si étendu n'a été atteint *que par 12 pierres* lorsque la longueur était perpendiculaire à la direction, et *par* 34, lorsqu'elle lui était parallèle ;

En considérant d'autre part que dans le cas du volant, l'impulsion imprimée successivement à chaque projectile dépendant du choc qui serait toujours le même, il n'y aurait pratiquement que peu de déviation et peu de différence dans les portées pour les mêmes vitesses du volant ;

En somme, quelle serait donc la différence dans les effets utiles ? Combien faudrait-il de fois 14 pierriers, combien de servans, combien de poudre et quels monceaux de pierres pour produire *en huit minutes seulement* les mêmes effets que produirait un SEUL

cette faible vitesse du volant qui transmise *telle quelle* aux projectiles, sous l'angle de 45°, ne devrait leur donner qu'une portée de 185 mètres ?

On a encore si peu de données, que nous sachions du moins, sur les effets du choc des corps durs *plus ou moins élastiques*, surtout dans de telles circonstances, agissant avec des masses si disproportionnées, que pour pouvoir assurer que la portée des projectiles, pour deux tours de volant par seconde, dépasserait ici, et *peut-être de beaucoup*, 200 mètres, il faudrait avoir des faits positifs et bien concluans à l'appui d'une pareille assertion : tout ce que nous pouvons dire, c'est que si l'on suspend à un même point, par de longs fils égaux, deux globes de diamètres inégaux : le plus gros d'acier trempé à la surface, et l'autre de fonte, en élevant (le fil toujours tendu) le plus gros globe à une hauteur *donnée*, la vitesse qu'il imprimera au petit globe en retombant, sera *relativement* d'autant plus grande, que les masses seront différentes, que le plus gros globe aura un plus grand diamètre, et même que la hauteur *donnée* sera plus grande ; en sorte que dans notre cas, pour une vitesse du volant de 43 mètres, les portées dépasseraient *peut-être* 300 mètres, etc. Des expériences sur un volant présenteraient de l'intérêt, *même*, sous le rapport scientifique.

VOLANT *manœuvré par quatre hommes, deux servans et un chef de volant tous bien abrités, ainsi que la machine et ne gênant le service des remparts en aucune façon ! !*

A l'expérience seule appartient le pouvoir de fixer là-dessus les idées par des résultats positifs, et les aperçus seuls que nous venons de présenter, semblent déjà assez plausibles pour légitimer au moins quelques faibles dépenses à consacrer à des essais qui ne pourraient être que fructueux. En 1827, nous demandions que 3,500 fr. fussent employés à des expériences ; peu de temps après on dépensait *trente mille fr.* à Vincennes en essais d'une machine Perkins, et nous avions pourtant démontré d'avance, soit dans notre ouvrage : *Introduction à l'étude de l'artillerie* en 1825, soit dans notre Mémoire *sur les armes à vapeur* (*Journal des sciences militaires*, février 1827), que la théorie et la pratique s'accordent également à repousser l'emploi DIRECT de la vapeur sur des projectiles *un peu gros* pour les lancer avec assez de force et d'une manière utile ! !

NOTE N. — SUR LES EFFETS DES BOUCHES A FEU AUX DISTANCES DE 400 ET DE 600 MÈTRES, page 67.

La mousqueterie est tout-à-fait impuissante contre les sapes et même contre les hommes, contre les sapeurs, dès qu'ils sont couverts par des gabions et quelques pelletées de terre ; elle ne sert ici qu'à obliger l'assiégeant à cheminer avec méthode, avec plus de lenteur, à *la sape pleine*, pendant la nuit, dès qu'il se trouve à la portée des feux des chemins couverts.

Ainsi, est réservée à l'artillerie de la place la faculté de battre les têtes de sape, de les bouleverser elles et même les épaulemens encore peu épais en terre nouvellement remuée, et d'autre part sinon d'empêcher, de retarder au moins l'établissement des batteries, puis de les contre-battre avec plus ou moins de succès suivant que la place pourra opposer plus ou moins de bouches à feu et avoir, outre ses feux directs, des enfilades, des revers et suivant que ses pièces seront à l'abri des ricochets et des feux verticaux, qu'elles n'auront par conséquent à redouter de l'ennemi que ses feux directs de plein fouet, bien moins dangereux encore, s'ils sont forcément plus éloignés, n'ayant d'ailleurs action que sur des terres rassises et sur le matériel, sur les défenseurs que par des embrasures plus étroites et mieux conditionnées que celle des assiégeans.

Déjà, il s'en faudrait que, dans la *défense rapprochée*, les chances fussent égales avec des bouches à feu en même nombre de part et d'autre; mais que serait-ce donc si la place pouvait en opposer un plus grand nombre et qu'elles fussent mieux disposées? Enfin les chances seraient encore d'autant plus favorables aux défenseurs que les distances auxquelles ils forceraient les assiégeans à établir leurs *nouvelles* batteries, en deçà de la troisième ou quatrième parallèle, seraient plus grandes, soit parce que des terres remuées opposeraient moins de résistance, se prêteraient bien plus à la pénétration des projectiles, soit parce que les dernières batteries plus éloignées de l'assiégeant, pourraient en outre être prises d'enfilade, de revers.

Mais, c'est en considérant surtout les effets de nos feux de flancs contre les sapes *doubles et obliqées* de l'assiégeant, le long des chemins couverts, qu'il importe de s'assurer si des longueurs de 500 et même de 600 mètres assignées à *la ligne de défense*, permettraient à ces feux de revers de nos principaux flancs d'avoir des effets assez prompts et efficaces. A cet égard, il nous suffira, pour le prouver, de soumettre au lecteur les données de l'expérience que renferment les tableaux suivans que nous avons tirés de l'*Aide-Mémoire* de 1844 et du *Traité d'artillerie*, par M. Piobert.

1° *Portées moyennes de* BUT EN BLANC *des canons.*

INDICATION.		EN BRONZE.			LONGS (EN FER COULÉ).		
		24	16	12	24	18	12
Charges de. .	1/3	m. 700	670	640	745	730	735 *
	1/4	630	600	527	650 *	680	630

2° *Justesse de tir, suivant les calibres et les distances du but.* (Nombre de boulets qui sur 100 atteignent le but.)

INDICATION.		CANONS DE SIÉGE ET DE PLACE.				
		24	16	12	8	4
Cible de 0,4 mètre carré aux distances de . . .	420 m.	11,70	11,70	6,80	»	»
	600	7,35	5,45	4,50	2,55	1,50

3° *Écarts* MOYENS *de la ligne de tir.*

INDICATION.		CANONS (an XI).			OBUSIERS.	
		24	16	6	0,22 de côte.	0,16
Aux distances de	500 m.	m. 0, 5	0,5	0,5	»	»
	600	0, 8	0,8	0,8	1,0	2, 3
	800	1, 4	1,4	1,7	3,0	4,00
	1000	2,00	2,3	3,2	5,0	6, 4

4° *Pénétration dans les terres* RASSISES *(moitié sable, moitié argile).*

INDICATION.		CANONS (charge 1/1).			OBUSIERS.		
		24	16	12	8 de côte charge 3 kil.	8 de siége charge 1,50.	0,16 charge 1 kil.
Aux distances de	400 m.	m. 1,88	1,61	1,17	1,00	0,79	0,81
	600	1,71	1,47	1,05	0,85	0,69	0,67

C'est, par de pareils tableaux plus multipliés et surtout plus complets, bien faits, fondés sur des résultats positifs et bien étudiés, que les officiers d'artillerie pourraient rationnellement parvenir à réunir toutes les données nécessaires pour bien composer l'armement des places, et à cet effet fixer et la nature et les diverses espèces de bouches à feu et leurs calibres et les charges de poudre les plus convenables, etc.; mais pour la fin que nous nous proposons ici, ces simples tableaux démontrent suffisamment que même avec des pièces de 12 de place et des obusiers de 6° ou de 0,16, *aux distances de* 500 *et même de* 600 *mètres*, on pourrait agir déjà efficacement de nos flancs contre les couronnemens des chemins couverts en sape double et qu'on le pourrait *à fortiori* avec des canons de 16 et des obusiers de 8 (0,22) dont les obus produiraient l'effet de fougasses plus fortes en lançant leurs éclats et les terres dans les tranchées, raseraient les têtes de sape et même les épaulemens avec d'autant plus de probabilité, que les feux seraient mieux soutenus, la nuit même comme le jour, et que les buts à atteindre auraient ici au moins 1 mètre de hauteur et des largeurs s'étendant au-delà des déviations latérales les plus grandes, que de plus les terres étant fraîchement remuées, les pénétrations seraient plus grandes que dans le quatrième tableau ci-dessus, dans le rapport *au moins* de 1 à 1,50 et même dans le rapport de 1 à 2, si les terres végétales, marneuses étaient détrempées par le moyen que nous indiquons *fig.* 10.

Des considérations et des tableaux ci-dessus, il résulte donc que, sous le double rapport et de la justesse du tir et de l'intensité des effets, l'étendue de notre *ligne de défense* par l'artillerie peut, avec profit encore, être fixée même à 600 mètres, et que des canons de 12, de 16, et des obusiers de 6° étant bien suffisans pour les feux de revers contre les sapes, contre les couronnemens, il n'y aurait à admettre *des calibres égaux* à ceux de l'assiégeant (du 24 et des obusiers de 0,22) que pour contre-battre avec plus de succès encore ses batteries et pour les maîtriser plus sûrement.

NOTE O. — QUANTITÉS DE BOUCHES A FEU NÉCESSAIRES POUR L'ARMEMENT DES PLACES DE NOTRE SYSTÈME, page 69.

Pour juger s'il faudrait beaucoup plus de bouches à feu pour l'armement des nouvelles places, que l'on veuille d'abord remarquer que, dans notre système, comme pour des places construites à l'ordinaire, quelle que soit leur étendue, l'assiégeant ne pouvant guère diriger, contre elles, qu'une attaque ou deux attaques liées, à mesure que les places seront plus vastes, il faudra *proportionnellement* moins d'artillerie pour leur armement complet, que d'ailleurs les obstacles naturels devant être mis à profit, par le fait que ces obstacles, tels que rivières, canaux, inondations, avant-fossés pleins d'eau, etc., empêchent les surprises, ils doivent aussi dispenser d'avoir pour la sûreté de ces places, *sur ces points*, autant de bouches à feu.

Mais, par la raison que nos fronts sont beaucoup plus étendus, pour enceindre une place d'une superficie *donnée*, il faudra moins de fronts dans le rapport au moins de 50 à 36, et, par conséquent *pour leur armement de sûreté*, moins de bouches à feu, puisque chaque front n'en réclamera à cet effet pas plus que les fronts de Cormontaingne (Voir *Fronts hors des attaques*, page 78).

Quant aux fronts ayant action sur les attaques, il est à remarquer

1° Que tous nos ouvrages ou parties d'ouvrages ne seront pas à-la-fois engagés : les lunettes et les faces des bastions d'abord, puis les flancs et les courtines, surtout dans la défense rapprochée ;

2° Que notre grosse artillerie se trouvera presque toute sur les remparts de l'enceinte, qu'ainsi, à raison de la facilité des mouvemens, les mêmes bouches à feu pourront aisément être transportées d'un front sur un autre, et que, sur le même front, elles pourront être employées sur des points différens des faces, des flancs et courtines, où elles auraient leurs plates-formes, leurs châssis préparés, en sorte qu'avec moins de pièces, les feux pourraient alors être à volonté disséminés ou concentrés sur tels ou tels travaux de l'assiégeant ;

3° Qu'à raison de la facilité et de la sûreté des communications avec les dehors, d'une part, et d'autre part, à raison des abris qui protégeront le matériel, il y aura bien moins de chances de destruction et de perte de matériel.

Par ces divers motifs, les quantités de bouches à feu nécessaires pour l'armement des places de notre système, ne seraient donc pas si grandes.

Cependant, il n'importe pas moins que les assiégés puissent opposer aux assiégeans une artillerie nombreuse et forte, puisque c'est par cette arme surtout que nous devons obtenir la supériorité, et que nos fronts offrent d'ailleurs par leurs grands développemens tous les emplacemens désirables pour employer l'artillerie utilement, en épargnant même bien des fatigues et des périls à des garnisons qui pourraient ici, sans inconvénient, être moins nombreuses et moins aguerries. Mais encore, ce ne serait que sur les fronts ayant action sur les attaques, qu'il y aurait à faire ces déploiemens de bouches à feu, et nous ne pensons pas que les quantités d'artillerie dussent être notablement plus considérables que celles qu'on fixe pour les places du système de Cormontaingne.

Qu'il nous suffise à ce sujet de citer le chiffre qu'on trouve dans le travail remarquable, et nous croyons le plus récent, *sur l'Armement des places*, 1826, par le général Rogniat. L'auteur, *s'appuyant sur d'autres autorités*, convient qu'il faut garnir le plus possible d'artillerie les fronts ayant action sur les attaques ; il fixe à 235 bouches à feu l'armement *de ces fronts* pour un *dodécagone* de Cormontaingne, qu'il prend pour exemple (1) ; et pour notre

(1) Il est à remarquer que la fixation de 235 bouches à feu que l'auteur emploie sur les fronts ayant action sur les attaques, que cette fixation se rapporte

dodécagone, *qui pourtant équivaudrait à une place de 16 côtés de Cormontaingne*, nous ne demanderions pour nos fronts ayant action sur les attaques, *pas plus de bouches à feu*, mais en général de plus fort calibre.

Si l'on remarque que même avec 300 bouches à feu, qu'avec toute cette formidable artillerie, on ne pourrait pourtant retarder que de quelques jours la capitulation du dodécagone *classique*, ne verra-t-on pas là encore une preuve concluante que le système reçu n'est pas approprié au bon emploi de l'artillerie ?

Enfin, notre armement, *pour être au plus grand complet désirable*, dût-il être, en somme, de 40 à 50 bouches plus fort que celui des places de Cormontaingne *de même grandeur*, dans ce cas n'obligerait-il pas l'ennemi à employer aussi une artillerie plus nombreuse et à déployer des moyens si considérables, que déjà par ce motif seul, il regarderait à deux fois avant d'entreprendre des siéges ? Et en considération encore des résultats bien plus grands et incontestables qu'on obtiendrait dans la défense elle-même, une telle augmentation serait-elle ici bien appréciable ?

Avant de finir, qu'on nous permette de rattacher encore quelques observations à la question d'armement des places.

Si les bouches à feu avaient dans les places un tir plus vif, plus soutenu, comme il le faudrait dans bien des circonstances, il ne s'agirait pas seulement de calculer le nombre de bouches à feu *à mettre en position*, mais il faudrait aussi tenir compte *de la durée* de leur service ; à cet égard, tous les obusiers et les canons de 12 et même de 16, EN FONTE DE FER *qui est beaucoup plus dure, bien moins fusible que le bronze*, il semble que ces bouches à feu, *avec un mode de chargement convenable*, seraient bien à préférer à celles en bronze, d'autant plus que le gouvernement trouverait à leur adop-

à la septième et *dernière* période de la défense (à la construction des batteries de brèche et à la prise successive des ouvrages) : mais ne semble-t-il pas que pour pouvoir alors compter sur 235 bouches à feu, indépendamment de 36 autres pour l'armement de sûreté des autres fronts, *à raison des pertes que la défense aurait nécessairement éprouvées jusque-là*, il faudrait encore tenir compte de ces pertes, et porter par conséquent au-dessus de 271, le chiffre total des bouches à feu que l'auteur demande pour le dodécagone de Cormontaingne : n'y eût-il que 1/10 à porter en plus, ce serait donc 298 ou 300 bouches à feu *pour le dodécagone* de Cormontaingne !!

tion, *une très grande* économie dans les dépenses, puisque, pour *un* canon en bronze, il en aurait *six* en fonte de même calibre, et que *dans le service*, les canons de 12, de 16 et les obusiers en fonte peuvent supporter un tir bien plus vif, sans qu'on ait à craindre de *logement* dans l'âme, etc., etc.

Quant à l'objection sur le peu de ténacité de la fonte, sur les dangers auxquels exposerait l'emploi de ces bouches à feu, déjà les *épreuves à outrance* que l'on fait subir, dans les fonderies de la marine, à des pièces de 8 longues, paraissent bien plus concluantes, *comme garanties*, pour le 12 et les obusiers, que des épreuves qu'on aurait faites dans les écoles *sur le* 24 qui n'est même pas considéré, jusqu'à présent, comme *canon de place*.

Sans doute, plus les calibres, le poids des boulets et les charges de poudre augmentent, plus les efforts à supporter par les canons sont violens et doivent laisser d'inquiétude sur la résistance de la fonte de fer à laquelle il faut des épaisseurs de plus en plus fortes, épaisseurs qui, dans l'état actuel de l'art des fontes, ne sont point des garanties suffisantes de plus grande résistance ; car il faudrait pouvoir compter sur l'homogénéité de la matière; et en admettant qu'on ait assez de données sur les qualités, sur le choix des fontes les plus convenables, on manque encore de moyen *pratique* un peu exact de s'assurer des degrés de fusion dans le coulage ; pourtant, si l'on parvenait à apprécier les degrés *relatifs* de fusion et à fixer quels sont ceux qui sont les plus convenables, à les reconnaître toujours et à les obtenir au moins d'une manière assez approximative, alors ne pourrait-on pas compter sur plus d'homogénéité, sur plus de ténacité et par conséquent sur un service exempt de dangers, même pour les plus gros calibres et à plus forte raison, avec de moindres charges (de 1/4 au lieu de 1/3), comme on les emploie dans les places et en adoptant aussi un mode de chargement convenable pour les pièces ?

Mais le moyen *pratique* de comparer les degrés de fusion est-il introuvable ? Nous ne le pensons pas : dans un travail *sur les canons en bronze et sur les canons en fonte de fer, sur les effets de la poudre dans ces bouches à feu*, nous avons abordé cette question et peut-être le moyen bien simple que nous proposerions, est-il bien applicable? En publiant notre travail, nous en ferons juges les personnes compétentes.

FIN DU PREMIER MÉMOIRE.

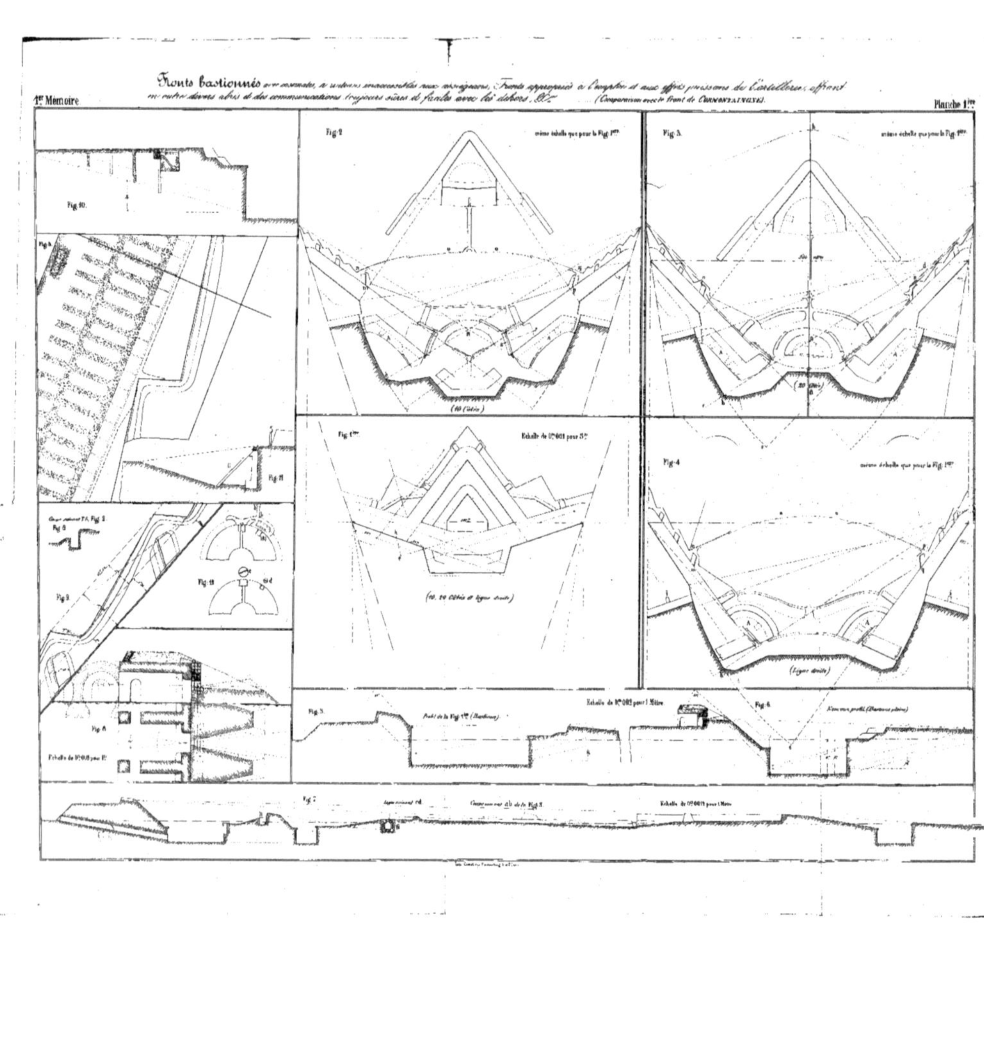
1er Mémoire
Fronts bastionnés
(Comparaison avec le front de CORMONTAINGNE)
Planche 1re
Fig. 2
même échelle que pour la Fig. 1re
Fig. 3
même échelle que pour la Fig. 1re
Fig. 10
Fig. 1re
Echelle de 0m,001 pour 3m
Fig. 4
même échelle que pour la Fig. 1re
(Ligne droite)
Fig. 11
Fig. 9
Fig. 12
Fig. 13
Fig. 8
Fig. 5
Fig. 6
Fig. 7

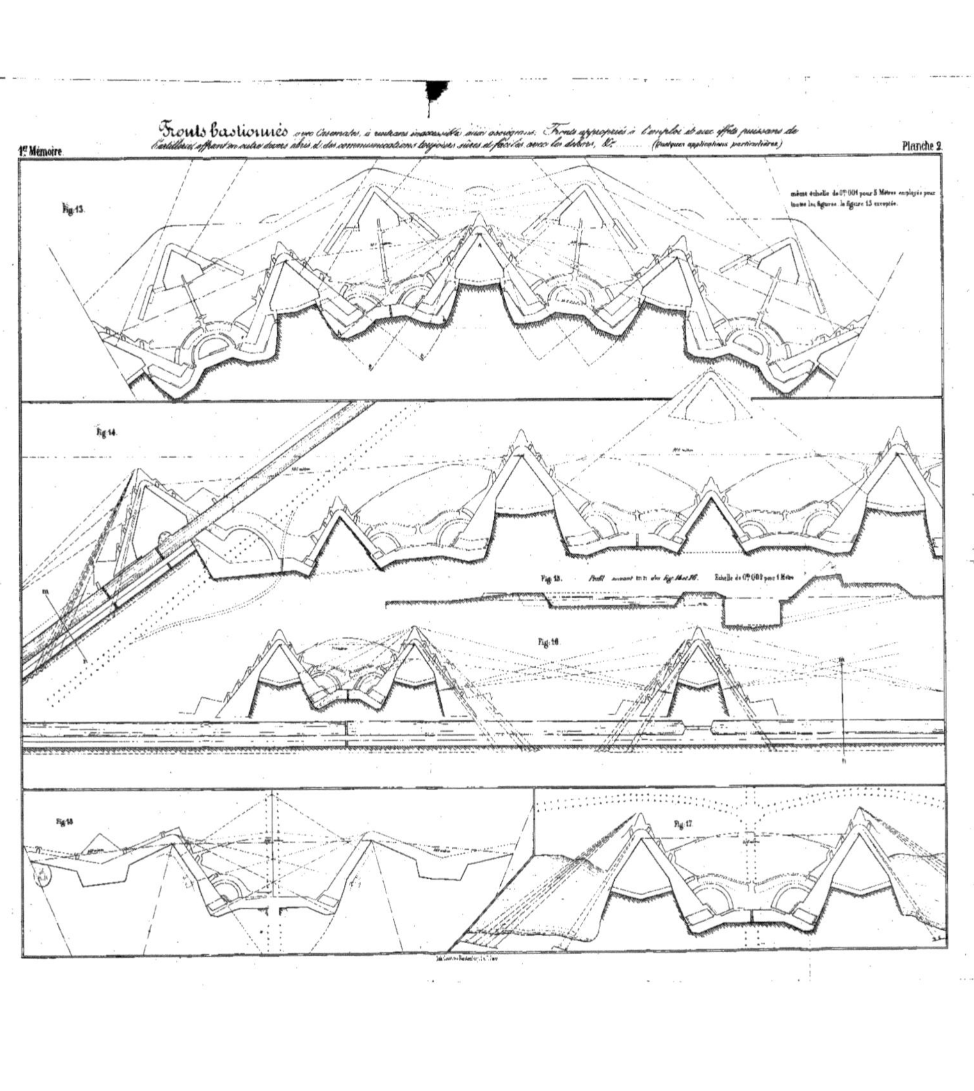
1er Mémoire
Fronts bastionnés avec Casemates, à rentrans inaccessibles aux assiégeans. Fronts appropriés à l'emploi et aux effets puissans de l'artillerie, offrant en outre divers abris et des communications toujours sûres et faciles avec les dehors, &c. ...... (Quelques applications particulières)
Planche 2.
Fig. 13.
même échelle de 0m.001 pour 5 Mètres employée pour toutes les figures, la figure 15 exceptée.
Fig. 14.
Fig. 15. Profil suivant m n des fig. 14 et 16. Echelle de 0m.002 pour 1 Mètre
Fig. 16.
Fig. 18
Fig. 17

DE LA DÉFENSE DU TERRITOIRE.

FORTIFICATIONS DE PARIS.

(1er MÉMOIRE).

In-8° — Octobre 1840. — Prix : 1 fr.

DÉFAUTS

DES FRONTS BASTIONNÉS

EN USAGE,

MODIFICATIONS NÉCESSAIRES. — BASES D'UN NOUVEAU SYSTÈME.

In-8. — Juillet 1844. — Prix : 4 fr.

IMPRIMÉ CHEZ PAUL RENOUARD, RUE GARANCIÈRE, N. 5.

www.ingramcontent.com/pod-product-compliance
Ingram Content Group UK Ltd.
Pitfield, Milton Keynes, MK11 3LW, UK
UKHW020607180726
13838UKWH00001B/476